들어가며

지금으로부터 50여 년 전, 저는 오키나와현에 있는 이리오모테섬에서 살았는데, 매일 숲을 뒤지고 다녔습니다. 하이킹을 즐긴 게 아니라 이리오모테산고양이라는 동물의 똥을 찾고 있었거든요. 당시 이리오모테산고양이가 막 발견된 시점이라, 이 아이들의 서식 습성에 대해서 알려진 게 하나도 없었습니다.

동물학자에게 동물의 똥은 매우 중요한 자료입니다. 무엇을 먹고, 어디서 활동하며, 어떤 습성을 지녔는지, 동물의

똥은 우리에게 이런 것들을 알려 줍니다. 이리오모테섬에 사는 동안 제가 모은 똥만 해도 천 개가 넘었습니다. 동물을 알려면 먼저 똥을 공부해라. 이는 동물학자의 기본입니다. '똥은 정말 재미있어!' 이 책이 독자 여러분에게 이런 생각을 가지게 할 계기가 된다면 그보다 기쁜 일은 없을 것입니다.

일본동물과학연구소 **이마이즈미 타다아키**

차례

CONTENTS

2 들어가며

| 8 | 제 1 장 | 동물의 똥에도 의미가 있다? |

| 16 | 제 2 장 | 습성에 따른 똥 |

18 **아시아코끼리** 하루에 80kg이나 똥을 눈다
20 **황제펭귄** 똥이 우주에서도 보인다
22 **바위너구리** 낭떠러지에서 똥을 싼다
24 **코알라** 이유식은 엄마의 똥
26 **오카피** 태어나서 한 달 동안은 똥을 누지 않는다
28 **말레이맥** 수세식 화장실에서 똥을 싼다
30 **소** 하루에 16번 똥을 눈다
32 **반달가슴곰** 항문을 똥으로 막는다
34 **점박이하이에나** 새하얀 똥을 싼다
36 **두발가락나무늘보** 나무늘보는 똥을 눌 때도 게으름을 피운다
38 **페루비안 부비** '구아노'는 보물
40 **큰두더지** 화장실에서 버섯이 자란다
42 **세줄나비** 꿀도 좋아하지만 똥도 좋아해
44 **자라** 물웅덩이에서 입으로 오줌을 눈다
46 **참다랑어** 진한 오줌을 눈다
48 **일본왕개미** 진딧물의 오줌을 너무 좋아해
50 **일본흰개미** 방귀가 지구를 멸망하게 한다?
52 **티베트마카크** 새끼의 생식기로 사이가 좋아지다
54 **COLUMN** 공룡 똥 화석은 보석이다?

56	**제3장**	**번식을 위한 똥**

58 **쇠똥구리** 똥을 굴리며 암컷을 유혹한다
60 **똥파리** 똥을 먹고 성충이 된다
62 **개** 똥 냄새가 새끼의 표시
64 **붉은캥거루** 주머니 안에서 오줌과 똥을 싼다
66 **찌르레기** 둥지 밖으로 똥을 버리러 간다
68 **남아프리카호저** 암컷에게 오줌을 뿌리며 구애한다
70 **딸기독화살개구리** 오줌을 뿌리며 알을 키운다
72 **벌거숭이뻐드렁니쥐** 오줌을 맞으면 새끼를 낳지 못한다
74 **나일틸라피아** 오줌양이 많을수록 암컷에게 인기가 많다
76 **COLUMN** 화장실을 만드는 동물들

78	**제4장**	**몸 구조에 의한 똥**

80 **향유고래** 금보다 비싼 똥을 눈다
82 **바라노글로수스 카르노수스** 바닷속에 원을 그린다
84 **쿠프리아비두스 메탈리두란스** 금 똥을 싸는 세균
86 **기린** 밤처럼 생긴 똥을 눈다
88 **바위비둘기** 새하얀 똥은 사실 오줌이다
90 **턱끈펭귄** 똥을 40cm나 쏴서 날린다
92 **파랑비늘돔** 똥이 모래사장이 되다
94 **기니피그** 성별에 따라 똥 모양이 다르다
96 **큰돌고래** 언제나 설사 모양의 똥
98 **개미귀신** 성충이 될 때까지 똥을 싸지 않는다
100 **집파리** 다리로 똥을 맛본다

102	**라플레시아 아르놀디**	똥 냄새가 나는 꽃이 핀다
104	**뚱보지렁이**	똥이 밭을 윤택하게 한다
106	**굴토끼**	똥을 먹지 않으면 죽는다
108	**문조**	화장실을 못 가린다
110	**먹바퀴**	소변도 영양분이 된다
112	**미국가재**	머리로 소변을 본다
114	**장수풍뎅이**	한 발을 들고 소변을 본다
116	**공벌레**	엉덩이로 물을 마신다
118	**전기뱀장어**	항문이 목에 있다
120	**보름달물해파리**	입과 항문이 같아!
122	**아프리카코끼리**	깜짝 놀랄 정도로 어마어마한 방귀 소리
124	**COLUMN**	반려동물의 똥 사정

제 5 장 | 의태·방어를 위한 똥

128	**큰남생이잎벌레**	유충은 똥을 장비로 삼는다
130	**혹잎벌레**	어디를 봐도, 아무리 봐도 똥
132	**쇠제비갈매기**	똥으로 적을 공격한다
134	**서부고릴라**	똥을 던지면서 스트레스를 푼다
136	**새똥거미**	새똥하고 똑같다
138	**풀색노린재**	자기 방귀 소리에 기절한다
140	**폭탄먼지벌레**	100도나 되는 방귀를 뀐다
142	**일본족제비**	'족제비가 뀐 마지막 방귀'를 뀐다
144	**동부얼룩스컹크**	방귀 냄새가 독할수록 인기가 많다
146	**알파카**	마음에 안 들면 구토를 한다

148 **숨이고기** 은신처는 해삼의 항문
150 **COLUMN** 냄새나는 똥과 냄새나지 않는 똥

154 | **제 6 장** | **마킹을 위한 똥**

156 **하마** 똥을 흩뿌린다
158 **애기웜뱃** 사각형 똥을 싼다
160 **자이언트수달** 똥으로 가족이 단결한다
162 **너구리** 똥을 한곳에 모아서 싼다
164 **우는토끼** 똥을 피라미드 모양으로 쌓아 올린다
166 **사자** 똥 냄새만으로 초식 동물이 도망친다
168 **검은코뿔소** 똥을 자기가 밟는다
170 **검은리머** 머리에 똥을 바른다
172 **일본오소리** 화장실은 문패 대신이다
174 **브라질세띠아르마딜로** 깨끗한 곳에서는 살 수 없다
176 **덤불개** 암컷이 물구나무를 서서 오줌을 싼다
178 **대왕판다** 수컷이 물구나무를 서서 소변을 본다
180 **마라** 오줌에 GPS 기능이 탑재
182 **일본늑대** 사체에 소변을 뿌리고 먹는다
184 **아메리카비버** 댐 위에 마킹한다
186 **COLUMN** 똥을 이용하는 인간

제 1 장

동물의 똥에도

인간에게 똥은 화장실에서 그저 흘려보내야 할 대상이지만, 자연계에서 똥은 매우 중요하다. 먹잇감이 되기도 하고, 자신의 존재를 나타내는 징표가 되기도 한다……. 똥은 그 생물의 생태를 알려 주는 정보원이기도 한 셈이다!

의미가 있다?

동물의 똥에도 의미가 있다? 1

동물에게 똥은 가치 있다

사람은 화장실에서 똥을 눈 다음, 바로 물에 흘려보낸다. '언젠가 쓸 일이 있을지도 몰라.'라는 생각에 똥을 소중히 간직하는 사람은 없다(아마도).

인간에게 똥은 냄새나고 더러우며 부끄러운 대상이다. 눈앞에 있으면 곤란하다. 초등학교에서는 똥을 누는 행위 자체가 놀림감이 되기도 한다.

하지만 야생 동물 중에는 똥이 없으면 살 수 없는 동물들이 꽤 많다. 똥에서 태어나는 파리, 똥을 먹는 토끼, 엄마에게 똥을 받는 코알라……. 이런 생물에게 똥은 돈이나 보석보다 가치 있다. 설령 온몸이 똥 범벅이라고 해도 절대 놀라지 않는다.

야생 동물의 똥에는 다 가치가 있다. 초식 동물의 똥에도, 육식 동물의 똥에도 모두 확실한 의미가 있다.

얼룩말 같은 초식 동물은 육식 동물보다 똥을 누는 양이 많으며 냄새도 덜 난다. 초식 동물의 똥을 먹이로 삼는 곤충도 상당히 많다.

동물의 똥에도 의미가 있다? 2

동물에게 똥은 먹이가 되기도 한다

동물의 똥은 다양한 생명을 살게 한다.
초식 동물 중에는 토끼와 기니피그처럼 자신의 똥을 먹는 종류도 있다. 식물에서는 고기보다 영양분을 섭취하기 쉽지 않아, 똥에 흡수하지 못한 영양분이 남아 있을 때가 많다. 그래서 어떤 동물들은 다른 동물의 똥을 먹음으로써 영양분을 남김없이 섭취한다.
또한, 쇠똥벌레나 똥파리는 다른 동물의 똥에 알을 낳는다. 똥에서 태어난 유충은 똥을 먹으며 성장한다.
그리고 이런 벌레를 노리는 생물도 있다. 아시아코끼리의 똥을 조사하다가, 세 종류나 되는 새로운 개구리를 발견한 적이 있다. 이 개구리들은 코끼리의 똥을 거처로 삼아 똥에 접근하는 벌레를 노렸다.
똥을 무대로 한, 생명의 이야기. 야생 동물 세계에선 언제나 이런 드라마가 펼쳐지고 있다.

똥을 데굴데굴 굴리는 쇠똥구리. 집으로 운반한 똥 덩어리는 먹잇감이나 유충의 요람으로 쓰인다.

동물의 똥에도 의미가 있다? **3**

동물에게 똥은 영역의 표식

동물의 똥은 마킹할 때도 쓴다. 마킹이란 자신의 영역을 주장하는 행위를 말한다. 예를 들어 자신의 보금자리 가까운 곳에 화장실을 만들어, 그곳에 다량의 똥을 쌓아 두는 동물은 '여기는 내 영역이니 가까이 오지 마!'라고 냄새로 말하는 셈이다.

마킹은 냄새가 넓게 퍼지면 퍼질수록 효과가 있다. 이런 이유로 동물들은 꼬리를 프로펠러처럼 돌리면서 똥을 사방에 뿌리거나, 일부러 똥을 밟은 뒤 돌아다니거나, 온 가족이 똥칠을 하는 등 인간의 입장에서는 우스꽝스러운 짓을 거침없이 한다.

이 책에 수록한 내용은 똥과 오줌, 토(토사물)와 방귀 등 전부 더러운 이야기뿐이다. 하지만 이 모든 것이 동물들이 열심히 살고 있다는 증거이기도 하다. 가끔은 이들의 시선으로 동물을 봐도 좋지 않을까? 그러면 동물들이 훨씬 더 사랑스럽게 느껴질 것이다.

수달류(사진은 작은발톱수달)는 똥을 군데군데 누어 자신의 영역을 표시한다. 이 행위를 마킹이라고 한다.

습성 | 번식 | 몸구조 | 의태·빙어 | 마킹

제 2 장
습성에 따른 똥

하얀 똥을 누거나 아예 똥을 누지 않거나······.
인간으로서는 상상도 할 수 없는 습성을 지닌 동물들.
여기에서는 이런 동물들의 똥을 소개한다.

PICK UP

놀라운 똥 4번째
코알라
▶▶▶ P.24

PICK UP

놀라운 똥 9번째
점박이하이에나
▶▶▶ P.34

PICK UP

놀라운 오줌 1번째
자라
▶▶▶ P.44

생물 데이터

이름	아시아코끼리	**종족**	포유류	**몸길이**	550~640cm
몸무게	2,000~5,000kg	**식성**	초식	**수명**	60~80년
서식지	동남아시아, 중국 남부, 인도				

아시아코끼리는 대략 하루에 열 번, 총 70~80kg 정도의 똥을 눠. 똥의 무게만 해도 성인 남성의 체중보다 약간 더 나가. 동물원 사육사들은 대량의 똥을 보고 '똥을 그냥 버리는 게 왠지 아까운데?'라는 생각을 하게 됐고, 그 결과 코끼리 똥으로 재생지나 비료를 만드는 동물원이 점점 늘게 됐어. 코끼리가 이렇게 똥을 많이 누는 건 당연히 그만큼 많이 먹어서야. 야생 코끼리는 풀이나 나뭇잎, 과일 등을 하루에 130kg이나 먹는 데다가 먹는 시간도 14시간이나 돼. 그러니 오줌의 양도 하루에 40~50ℓ로 엄청 많지. 코끼리처럼 몸집이 큰 동물은 그만큼 많은 똥과 오줌을 눌 수밖에 없어.

똥 데이터
- 양: 5
- 냄새: 2
- 굵기: 3
- 특징: 거대한 덩어리

QUIZ 퀴즈
Q. 코끼리끼리 대화가 가능한 거리는?
① 100m ② 1km ③ 10km

정답은 다음 페이지에

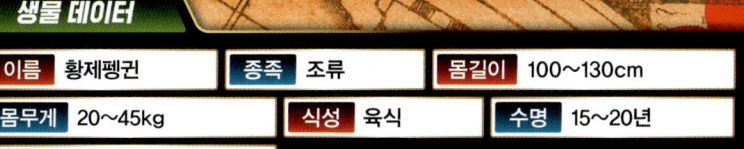

생물 데이터

이름	황제펭귄	종족	조류	몸길이	100~130cm
몸무게	20~45kg	식성	육식	수명	15~20년
서식지	남극 대륙 주위				

황제펭귄은 몇만 마리가 무리를 이루어 몇 달 동안 같은 장소에서 생활해. 그러니 주위에도 갈색 똥들이 무더기로 있겠지? 그것도 새하얀 눈 위에 똥을 누니, 멀리에서도 눈에 확 띌 수밖에 없어.

얼마나 눈에 잘 보이느냐면 우주에서도 보일 정도래. 황제펭귄의 갈색 똥 덩어리들은 위성 사진으로도 확실히 확인할 수 있어.

이 사실은 학자들에게 매우 큰 수확이었어. 똥의 숫자만 알 수 있다면 일부러 추운 남극에 가지 않아도 몇 마리의 황제펭귄이 서식하는지 알 수 있으니까. 갑작스러운 환경 변화로 멸종하지 않도록 학자들은 먼 우주에서도 황제펭귄들을 지켜보고 있는 거지.

똥 데이터
- 양
- 냄새
- 굵기
- 특징: 질척질척

QUIZ 퀴즈

Q. 펭귄들이 사는 남극의 최저 기온은 어느 정도일까?
① -32℃ ② -64℃
③ -89℃

정답은 다음 페이지에

놀라운 똥 3번째
바위너구리

낭떠러지에서 똥을 싼다

생태
최대 80마리 정도가 무리를 이루며, 몇 개의 그룹으로 나뉘어 있다. 포유류지만 체온 조절을 잘하지 못해, 추울 때는 일광욕을 하고 더울 때는 햇빛을 피해 산다.

- 놀라워
- 중간
- 조금

정답 ③-89℃: 펭귄들은 이런 혹한에도 꿈쩍 않고 새끼를 키운다.

생물 데이터

이름	바위너구리	종족	포유류	몸길이	40~50cm
몸무게	2.5~5kg	식성	초식	수명	10~15년
서식지	아프리카, 아라비아반도 등				

외모는 토끼나 쥐처럼 생겼지만, 발에 넓적한 발굽이 있는 유제류야. 주로 바위산처럼 바위가 많은 곳에서 생활하는데 발바닥의 패드를 빨판처럼 이용해 험한 바위도 가볍게 탈 수 있어.

바위너구리들은 무리를 지어 생활하는데, 모두 정해진 장소에서 똥이나 오줌을 누는 습성이 있어. 그런데 화장실이 바위산 낭떠러지야. 낭떠러지에서 엉덩이를 뒤로 돌리고 평온한 얼굴로 똥을 누지. 이렇게 한곳에서 똥을 누는 건 꽤 의미가 있는 행동이야. 왜냐하면 바위너구리들은 똥 냄새로 상대의 성별이나 짝짓기를 할 수 있는 시기를 판단해 파트너를 찾거든.

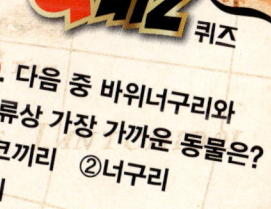

Q. 다음 중 바위너구리와 분류상 가장 가까운 동물은?
① 코끼리 ② 너구리
③ 쥐

정답은 다음 페이지에

생물 데이터

이름	코알라	종족	포유류	몸길이	60~80cm
몸무게	8~12kg	식성	초식	수명	10~15년
서식지	호주				

코알라는 하루의 대부분을 자신의 주식인 유칼립투스 나무를 붙잡고 살아. 유칼립투스에는 강한 독이 있어서 이를 분해하는 미생물이 몸속에 있는 코알라만 이 나뭇잎을 먹을 수 있어.

하지만 아기 코알라의 몸에는 아직 이 미생물이 없어. 그래서 엄마는 자기의 똥을 아기에게 줘. 엄마의 배 속에서 한번 독을 분해했기에 아기 코알라도 먹을 수 있거든. 그리고 엄마 똥에 포함된 미생물이 아기 몸속에 서식하면서 아기 코알라도 유칼립투스 나뭇잎을 먹을 수 있게 돼.

하지만 유칼립투스에는 영양분이 적은 데다가 안에 든 독을 분해하는 것도 꽤 힘든 일이야. 그래서 코알라는 하루에 22시간이나 잠을 잔다고 해.

똥 데이터

- **양**
- **냄새**
- **굵기**
- **특징**: 알갱이 형태

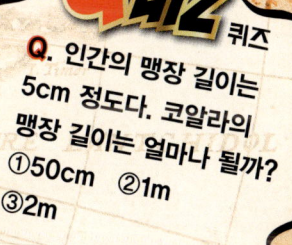

QUIZ 퀴즈

Q. 인간의 맹장 길이는 5cm 정도다. 코알라의 맹장 길이는 얼마나 될까?
① 50cm ② 1m
③ 2m

정답은 다음 페이지에

생물 데이터

이름	오카피	종족	포유류	몸길이	200~210cm
몸무게	210~300kg	식성	초식	수명	20~25년
서식지	중앙아프리카				

오카피는 상반신은 말, 하반신은 얼룩말처럼 생겼지만, 사실은 기린과 같은 종류인 매우 미스터리한 동물이야. 그래서 대왕판다, 애기하마와 함께 '세계 3대 진귀한 동물'에 속해.

외모뿐만 아니라 습성도 특이해서, 오카피 새끼는 태어나서 한 달 동안은 전혀 똥을 누지 않아. 그런데도 본인은 '그게 뭐?'라는 멍한 표정을 짓지. 변비로 고생하는 것 같긴 않아. 사실 오카피 새끼는 모유를 하루에 한 번만 먹는 데다가, 이 모유가 몸에 대부분 흡수돼. 따라서 똥을 누지 않는다기보다 똥을 눌 만한 양이 쌓이지 않는다고 보는 게 정확해.

※성체 오카피의 똥 데이터

똥 데이터
- 양
- 냄새
- 굵기
- 특징: 과일 모양. 대굴대굴 굴러다님

QUIZ 퀴즈
Q. 오카피의 별명은 무엇일까?
① 숲의 신사
② 숲의 귀부인
③ 숲의 학자

정답은 다음 페이지에

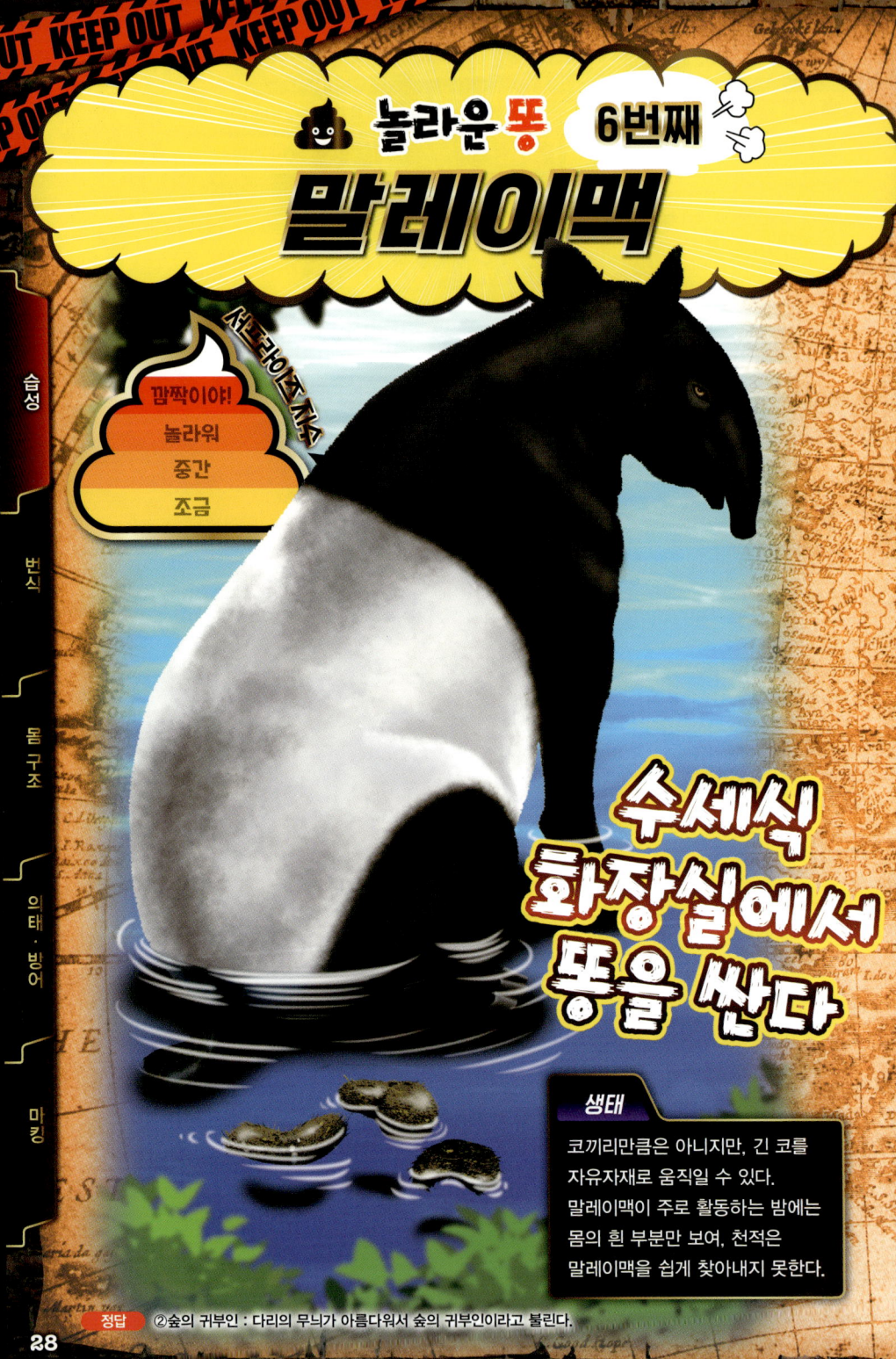

생물 데이터

이름	말레이맥	종족	포유류	몸길이	180~250cm
몸무게	250~365kg	식성	초식	수명	25~30년
서식지	동남아시아				

마치 기저귀를 찬 듯한 몸 색과 긴 코가 특징인 말레이맥. 여름에는 종일 물가에서 지낼 정도로 물을 좋아하며, 헤엄을 잘 치고 잠수도 할 수 있어.

그리고 말레이맥은 똥을 물가에 눠. 왜냐하면 똥을 물에 흘리기 위해서야. 다시 말해, 말레이맥 전용 '수세식 화장실'인 셈이지. 싸움에 약한 말레이맥에게 육식 동물이 습격할 위험이 적은 물가는 안심하고 볼일을 볼 수 있는 장소야.

이 습성은 동물원에 있어도 변하지 않아. 그래서 매일 깨끗하게 청소를 해도 말레이맥의 수영장에는 언제나 똥이 둥둥 떠다녀.

똥 데이터
- 양: ●●●●○
- 냄새: ●●○○○
- 굵기: ●●●○○
- 특징: 끈적끈적한 똥

QUIZ 퀴즈
Q. 아기 말레이맥의 몸 색은 어떨까?
① 다 검은색
② 검은색에 흰색 줄무늬
③ 부모와 같다

정답은 다음 페이지에

놀라운 똥 7번째
소

하루에 16번 똥을 눈다

생태
네 부분으로 나뉜 위가 있으며, 먹은 풀이 위와 입안을 왔다 갔다 이동하면서 소화된다. 이 행위를 '반추(되새김)'라고 하며 반추하는 동물을 '반추 동물'이라고 부른다.

짱! 깜짝이야! / 놀라워 / 중간 / 조금

정답 ②검은색에 흰색 줄무늬: 태어나서 반년이 지나면 줄무늬가 사라지고 부모와 같은 몸 색이 된다.

생물 데이터

이름 소	**종족** 포유류	**몸길이** 150~170cm
몸무게 600~700kg	**식성** 초식	**수명** 15~20년
서식지 세계 각지		

식물은 고기보다 소화하기 어려운 데다가 영양분도 적어서 많은 양을 먹어야 해. 그래서 기본적으로 초식 동물이 육식 동물보다 똥을 더 많이 눠.

육식 동물을 대표하는 사자는 하루에 5kg 정도 고기를 먹고, 800g 정도의 똥을 눠. 그러나 초식 동물인 소는 하루에 25kg의 풀을 먹고, 45kg의 똥을 눠. 먹는 양보다 똥의 양이 훨씬 많고, 똥을 보는 횟수도 하루에 16번이나 돼.

소는 수많은 풀을 먹을 뿐만 아니라 물도 꿀꺽꿀꺽 잘 마셔. 흡수하지 못한 수분은 똥의 양을 늘리면서 똥과 함께 밖으로 배출돼.

퀴즈
Q. 소의 수면 시간은?
① 3시간
② 10시간
③ 17시간

정답은 다음 페이지에

놀라운 똥 8번째
반달가슴곰

생태

가장 큰 특징은 가슴에 있는 초승달 모양의 무늬. 드물지만 무늬가 없는 곰도 있다. 나무 열매, 과일, 개미나 벌 같은 곤충을 좋아하며 큰 동물을 사냥해 잡아먹는 일은 거의 없다.

항문을 똥으로 막는다

놀라워 / 중간 / 조금

습성 · 번식 · 똥 구조 · 의태 · 방어 · 마킹

정답 ①3시간 : '먹고 바로 자면 소가 된다.'라는 말도 있지만, 실제 수면 시간은 매우 짧다.

생물 데이터

이름	반달가슴곰	종족	포유류	몸길이	120~180cm
몸무게	50~120kg	식성	잡식	수명	25~30년
서식지	동아시아 전역				

반달가슴곰은 일본 혼슈에도 서식하는 중형 곰이야. 겨울이 되면 3개월 동안 겨울잠에 들어가는데, 봄에 깰 때까지 똥이나 오줌은 누지 않아.

반달가슴곰은 겨울잠 전에 굳으면 바위처럼 딱딱해지는 송진을 먹어. 이것을 먹는 이유는 똥을 딱딱하게 만들기 위해서야. 딱딱해진 똥은 항문에 걸려 마치 마개와 같은 역할을 해. 이 마개 덕에 자면서도 똥을 누지 않아서 깨끗한 보금자리에서 봄을 맞이할 수 있어.

친구들 중에도 밤에 오줌을 싸서 부모님에게 혼난 적이 한 번 정도는 있지? 밤에 오줌을 싸기 싫어하는 건 사람이나 곰이나 마찬가지야.

똥 데이터

양	🟤🟤🟤🟤⬜
냄새	🟤🟤⬜⬜⬜
굵기	🟤🟤⬜⬜⬜
특징	겨울잠을 잘 때는 똥을 누지 않음

QUIZ 퀴즈

Q. 반달가슴곰이 잘 못하는 건?
① 나무 타기 ② 수영
③ 내리막길 달리기

정답은 다음 페이지에

생물 데이터

이름	점박이하이에나	종족	포유류	몸길이	120~180cm
몸무게	40~85kg	식성	육식	수명	20~25년
서식지	중앙~남부 아프리카				

먹은 것에 따라 색이 다른 똥을 누는 동물은 꽤 많아. 그렇다면 흰 똥을 누는 하이에나는 도대체 무엇을 먹는 걸까? 하이에나는 사자 같은 다른 육식 동물이 먹다 남긴 것을 주로 노려. 썩은 고기도 개의치 않고 먹는 데다가 다른 동물은 쳐다보지도 않는 뼈도 강한 턱으로 아작아작 부수어 먹지. 하이에나의 똥이 흰색인 이유는 먹은 뼈 성분이 똥에 남아서야. 하이에나가 지나간 길에는 뼛조각 하나 남지 않는다고 해서 '초원의 청소부'라고 부르기도 해. 음식에 대한 호불호가 강한 사람은 하이에나를 보고 배우도록. 혹독한 초원에서 살아남는 게 그만큼 힘들다는 거니까.

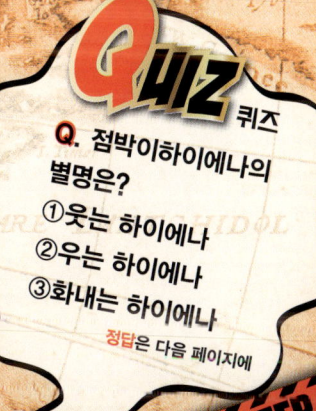

Q. 점박이하이에나의 별명은?
① 웃는 하이에나
② 우는 하이에나
③ 화내는 하이에나

정답은 다음 페이지에

놀라운 똥 10번째
두발가락나무늘보

짱!
깜짝이야!
놀라워
중간
조금

나무늘보는 똥을 눌 때도 게으름을 피운다

습성 | 번식 | 몸구조 | 의태·빙어 | 마킹

생태
식사를 거의 하지 않아서 옛날에는 바람에서 영양분을 취하는 걸로 생각했다. 나무늘보는 하루 종일 거의 움직이지 않기에 아주 적은 영양분으로도 살아갈 수 있다.

정답 ①웃는 하이에나 : 사람의 웃음소리와 비슷한 소리로 울기에 웃는 하이에나라고 불리게 되었다.

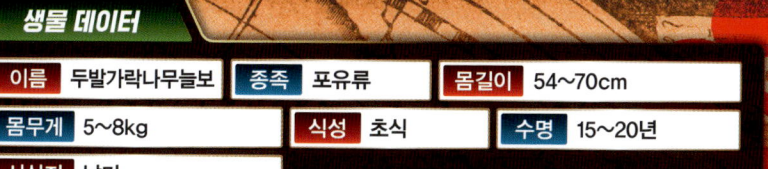

생물 데이터

이름	두발가락나무늘보	종족	포유류	몸길이	54~70cm
몸무게	5~8kg	식성	초식	수명	15~20년
서식지	남미				

나무늘보는 식사, 잠, 짝짓기 및 출산까지 나뭇가지에 늘어진 채 하는 매우 게으른 동물이야. 얼마나 움직이질 않는지, 몸에 이끼가 낄 정도인데, 나무늘보는 이것도 먹어.

이렇게 게으른 나무늘보지만 일주일에 한 번 볼일을 볼 때는 달라. 나무에 매달린 채 그대로 똥을 누는…… 게 아니라 일부러 나무에서 내려와 천적의 눈에 띄기 쉬운 지상에 볼일을 봐. 사실 나무늘보의 똥 안에 알을 낳는 모기가 있는데, 모기가 성충이 되면 나무늘보 털 속에 자리를 잡고 살아. 이 모기가 눈 똥이 비료가 되어 나무늘보가 먹는 이끼가 자라지. 나무늘보가 땅에 똥을 누는 이유 중 하나가 바로 이 이끼 때문이야.

더 게으르게 살 수 있다면 내 목숨을 걸겠다! 이게 바로 나무늘보라는 동물이지.

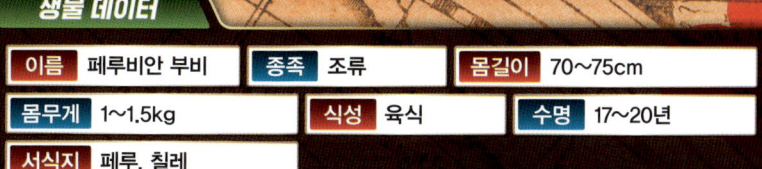

생물 데이터

이름	페루비안 부비	종족	조류	몸길이	70~75cm
몸무게	1~1.5kg	식성	육식	수명	17~20년
서식지	페루, 칠레				

갈색얼가니새나 가마우지, 펠리컨 같은 바닷새가 번식 장소로 선택한 해안은 그 나름대로 몸살을 크게 앓아. 왜냐하면 수천, 수만 마리나 되는 새 떼가 매년 대량의 똥을 남기고 가기 때문이지. 새똥은 시간이 지나면 '구아노'라 불리는 화석이 되는데, 해마다 해안에 쌓이고 있어.

그래서 달갑지 않은 이야기인 줄만 알았던…… 구아노가 현지 사람들에게는 매우 환영할 만한 일이래. 구아노는 가축의 똥보다 더 훌륭한 품질의 비료로 쓰이기 때문에 높은 가격에 팔 수 있거든.

하지만 구아노는 자연계가 인간에게 준 한정된 자원이야. 지금은 여기저기 유출된 탓에 거의 남아 있는 게 없다고 해.

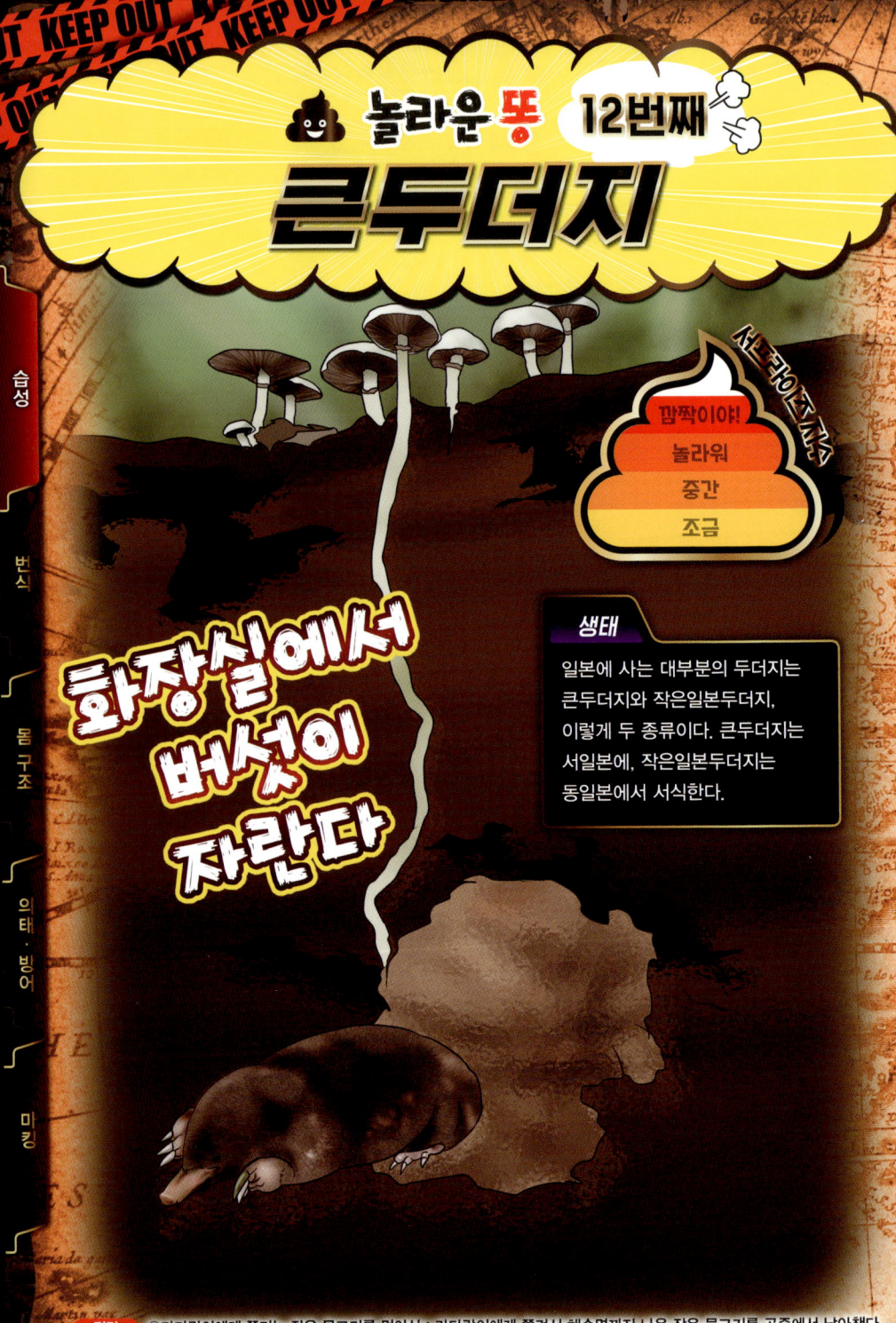

생물 데이터

이름	큰두더지	종족	포유류	몸길이	12.5~18.5cm
몸무게	48~175g	식성	육식	수명	2~3년
서식지	서일본				

두더지는 날카로운 발톱으로 땅을 파서 땅속에 집을 짓고 살아. 집 안에는 화장실도 있는데, 두더지는 이곳에서 오줌과 똥을 눠.

땅속에 있는 두더지 화장실을 땅 위에서 찾을 수 있어. 지표가 되는 게 바로 버섯이거든. 두더지 화장실 위에서만 자라는 '뿌리자갈버섯'이 있는데, 이 버섯이 자란 땅 밑에는 반드시 두더지 화장실이 있어.

그래서 뿌리자갈버섯은 '두더지화장실버섯'이라고도 불러. 맛있다고 소문난 진귀한 버섯이긴 하지만, 이 버섯이 자란 환경을 생각하면 저절로 식욕이 떨어지겠지.

똥 데이터

- 양
- 냄새
- 굵기
- 특징: 콜타르 형태로 끈적끈적

QUIZ 퀴즈

Q. 두더지는 100m 깊이의 땅을 파는 데 얼마나 걸릴까?
① 1시간 ② 3시간 ③ 8시간

정답은 다음 페이지에

놀라운 똥 13번째
세줄나비

습성 / 번식 / 몸 구조 / 의태·방어 / 마킹

생태
성충을 관찰할 수 있는 건 6~8월경이다. 날개를 펴고 머물러 있는 경우가 많아 특징적인 무늬가 눈에 잘 띈다. 성충은 물을 잘 흡수하며, 유충은 고로쇠나무 같은 종류의 나뭇잎을 먹고 큰다.

꿀도 좋아하지만 똥도 좋아해

정답 ③8시간: 땅 파기 고수인 것 같은 이미지지만, 실제로는 천천히 판다.

생물 데이터

이름	세줄나비	종족	곤충	몸길이	3~4cm
식성	초식	수명	10개월~1년		
서식지	한반도, 일본, 중국, 대만				

나비라고 하면 맛있는 꿀을 찾아 아름다운 꽃 근처를 팔랑팔랑하는 이미지가 바로 떠오르지만 개중에는 동물의 똥이나 사체를 좋아하는 종류도 있어. 세줄나비는 갈색 날개에 세 개의 흰 줄이 나 있어서 이런 이름이 붙은 네발나비과에 속하는 나비야. 동물 똥이 있는 곳은 어디든지 날아와. 다른 나비처럼 꽃의 꿀도 좋아하지만, 세줄나비에게는 똥도 매우 중요한 영양원이야. 세발나비는 일본 전국에 서식하고 있는데, 시골에서는 개가 산책하다가 싼 따끈따끈한 똥에 모여드는 모습도 볼 수 있어. 아무리 나비가 예쁘다고 해도 맨손으로 잡는 행동은 하지 않는 게 좋겠지?

서프라이즈 지수
- 깜짝이야!
- 놀라워
- 중간
- 조금

QUIZ 퀴즈

Q. 같은 네발나비과에 속하는 거꾸로여덟팔나비가 좋아하는 건?
① 사람의 때
② 사람의 땀
③ 사람의 비듬

정답은 다음 페이지에

놀라운 오줌 1번째
자라

물웅덩이에서 입으로 오줌을 눈다

생태
다른 거북에 비해 등딱지가 부드럽고 가볍다. '거북은 느려.'라는 이미지가 있지만, 몸이 가벼운 자라는 육지에서도 꽤 빠른 속도로 달릴 수 있다. 식용으로 키우기도 한다.

깜짝이야!
놀라워
중간
조금

정답 ②사람의 땀 : 이런 이유로 등산객 근처에 몰려드는 거꾸로여덟팔나비를 볼 수 있다.

생물 데이터

이름	자라	종족	파충류	몸길이	20~35cm
몸무게	1~1.5kg	식성	잡식	수명	20~30년
서식지	동아시아, 러시아, 아프리카, 북미 등				

무는 힘이 매우 세서 '벼락이 쳐도 절대 떨어지지 않는다.'는 말까지 있는 거북목에 속하는 자라. 자라의 입은 사물을 무는 것 외에도 중요한 역할을 해.

물웅덩이에 머리를 박고 목을 리드미컬하게 움직이는 자라를 발견한다면 누구든지 '아, 물을 마시고 있네.' 하고 생각할 거야. 하지만 자라는 물웅덩이 안에서 입으로 오줌을 눌 때가 있어. 동물계 전체에서 이런 동물은 자라밖에 없어.

그런데 자라는 소변을 보는 기관도 별도로 가지고 있어. 어느 쪽으로 소변을 볼지는 '하늘에 계신 거북님의 말씀'에 따르는 건지도 몰라…….

똥 데이터

- **양**
- **냄새**
- **굵기**
- **특징** 가늘고 긴 똥

QUIZ 퀴즈

Q. 자라에 물렸을 때 올바른 대처법은?
① 물로 돌려보낸다
② 흔든다
③ 큰 소리를 낸다

정답은 다음 페이지에

놀라운 오줌 2번째
참다랑어

진한 오줌을 눈다

습성 / 번식 / 몸구조 / 의태·방어 / 미킹

생태
일본 근해에서 태평양 온대 해역에 서식하는 참치의 왕. 횟집에서 파는 건 '혼마구로'라고도 한다. 무리 지어 행동하며 작은 물고기나 갑각류를 먹는다. 6~7월경이 산란기이다.

조금

정답 ①물로 돌려보낸다 : 자라에게 물렸어도 소란을 피우지 말고, 가만히 물에 넣으면 저절로 떨어져 나간다.

생물 데이터

이름	참다랑어	종족	어류	몸길이	300cm
몸무게	400kg	식성	육식	수명	20~30년
서식지	태평양, 대서양				

친구들은 식탁에 오르는 절인 반찬들이 왜 쪼글쪼글한지 생각해 본 적 있어? 그 이유는 채소에 있던 수분을 소금이 몽땅 빨아들여서야. 이렇게 염분이 적은 것(채소)의 수분을 염분이 많은 것(소금)이 흡수하는 현상을 '삼투압'이라고 해. '삼투압'의 영향을 크게 받는 동물이 바로 물고기야. 예를 들어 바다에 사는 참치는 자신의 체액보다 바닷물의 농도가 짙어서 절인 음식처럼 몸에서 물을 내보낼 수밖에 없어. 그래서 참치는 물이 짜도 바닷물을 대량으로 마신 뒤 소변을 조금만 내보내는 식으로 몸 안의 수분량을 조절하지. 그 결과 참치의 소변은 수분이 적고 염분이 많은, 매우 농도 짙은 소변이 되는 거야!

똥 데이터

- 양
- 냄새
- 굵기
- 특징: 꿈틀꿈틀

QUIZ 퀴즈

Q. 참치는 어떻게 잘까?
① 물에 떠서 잔다
② 헤엄치면서 잔다
③ 다른 생물 안에 숨어서 잔다

정답은 다음 페이지에

놀라운 오줌 3번째
일본왕개미

진딧물의 오줌을 너무 좋아해

생태

일본에서 가장 큰 개미다. 여왕개미만 알을 낳으며 다른 암컷 개미는 전부 일개미가 된다. 수개미는 번식기에 나타나 여왕개미와 짝짓기를 하고 죽어 버린다.

정답 ②헤엄치면서 잔다 : 헤엄을 멈추면 숨을 쉴 수 없게 되기 때문에 잘 때도 천천히 헤엄친다.

생물 데이터

이름	일본왕개미	종족	곤충	몸길이	7mm (여왕개미는 17mm)
몸무게	5~10mg	식성	잡식	수명	2년 (여왕개미는 약 10년)
서식지	한반도, 일본, 중국				

일본왕개미는 일본 어디서나 발견할 수 있는 가장 대중적인 개미야. 개미가 단 것을 좋아한다는 건 친구들도 다 알 거야. 하지만 자연계에는 달콤한 맛을 내는 게 매우 적어서 구하는 게 쉽지 않아. 그래서 개미들이 눈을 돌린 게 진딧물의 오줌이야. 진딧물의 오줌에는 채소와 과일에서 얻은 당분이 많이 들어 있어서 개미에겐 진수성찬이거든.
그리고 오줌을 받은 개미는 그 보답으로 진딧물의 천적을 쫓아 줘. 진딧물의 엉덩이에 직접 입을 대고 꿀꺽꿀꺽 마시는 모습은 좀 지저분해 보여도, 이 둘은 참 아름다운 공생 관계라고 할 수 있어.

Q. 지구에 사는 개미를 모두 모은다면 무게가 얼마나 될까?
① 인류 전체 무게의 반
② 인류 전체 무게와 비슷
③ 인류 전체 무게의 두 배

정답은 다음 페이지에

놀라운 방귀 1번째
일본흰개미

생태

이름에 '개미'라고 붙어 있지만, 사실 가까운 생물은 바퀴벌레다. 흰개미의 친척으로는 약 2천 종 이상의 곤충이 있으나 일본흰개미처럼 사람의 집을 먹어 치우는 건 극소수다.

방귀가 지구를 멸망하게 한다?

정답 ②인류 전체 무게와 비슷 : 지구에는 1경 마리(1억 마리의 1억 배)의 개미가 있다고 한다.

생물 데이터

이름	일본흰개미	종족	곤충	몸길이	5~7mm
식성	초식			수명	2년(여왕개미는 약 10년)
서식지	한반도, 일본, 중국, 대만				

방귀에는 '메탄'이라는 성분이 들어 있는데, 이 메탄가스가 지구 온난화의 원인 중 하나로 지목되고 있어.
개중에서도 대량으로 메탄을 발생시키는 게 바로 흰개미야. 흰개미 한 마리가 만드는 양은 극히 적지만, 워낙 수가 많아서 메탄가스의 양도 만만치 않거든. 일설에 따르면 흰개미가 만드는 메탄의 양이 전체 메탄가스의 10~15%나 된다고 해.
한편 메탄가스는 석유를 대체할 신종 에너지로도 각광받고 있어. 메탄이 우리에게 도움이 될지, 아니면 우리를 해치는 무기가 될지는 인간이 하기 나름이야. 물론 흰개미들은 자기들이 이렇게 엄청난 역할을 한다는 것도 모르고 오늘도 열심히 방귀를 뀌고 있지.

서프라이즈 지수: 중간

QUIZ 퀴즈

Q. 오키나와 등지에 사는 대만흰개미의 특징은?
① 버섯을 키운다
② 죽순을 키운다
③ 사탕수수를 키운다

정답은 다음 페이지에

생물 데이터

이름	티베트마카크	종족	포유류	몸길이	50~70cm
몸무게	10~15kg	식성	잡식	수명	30~40년
서식지	티베트, 중국				

티베트마카크는 여러 마리의 수컷과 암컷, 그리고 그들 사이에 태어난 새끼들이 함께 집단생활을 하는 원숭이의 일종이야. 원숭이 중에서도 드물게 수컷이 새끼를 돌보는 '육아 대디' 원숭이로도 잘 알려져 있어.

두 수컷끼리 싸울 때도 진 원숭이가 이긴 원숭이에게 무리의 새끼를 건네면 함께 들어 올리는 '브릿징'이라는 행위로 화해하기도 해. 이때 함께 들어 올리는 새끼는 싸우던 원숭이들의 새끼가 아니라 다른 원숭이의 새끼야. 새끼 원숭이에겐 참 귀찮은 일이겠지만, 이렇게 하는 게 평등하면서 모양새도 좋지.

이때 수컷 원숭이 두 마리는 새끼의 생식기를 핥거나 만지기도 해.

똥 데이터

- 양: 🟫🟫⬜⬜⬜
- 냄새: 🟫🟫🟫🟫⬜
- 굵기: 🟫🟫🟫⬜⬜
- 특징: 조약돌 같다

QUIZ 퀴즈

Q. '브릿징'이라는 명칭의 유래는?(브릿지=다리)
① 마음과 마음을 연결하므로
② 브릿지 운동을 하므로
③ 다리처럼 보이므로

정답은 58페이지에

 **COLUMN**

공룡 똥 화석은 보석이다?

보석은 예쁘지만, 똥은 더럽다. 보석과 똥은 정반대의 이미지지만, 개중에는 똥 화석에서 생기는 '마노'라는 보석도 있다.

여러분은 공룡의 분석(똥 화석)을 본 적이 있는지? 당연한 이야기지만 겉보기는 돌하고 비슷하며, 만지면 까끌까끌하다. 냄새도 감촉도 우리가 아는 똥과는 전혀 다르다. 그것도 그럴 것이 공룡이 똥을 눈 지 벌써 1억 년이라는 시간이 지났다.

이 화석을 분석해 보면 신기한 점을 발견할 수 있다. 똥 화석의 일부분이 붉은색과 주황색으로 아름답게 물든 경우가 있다. 이 부분이 바로 마노다. 암석의 빈 부분에 오팔이나 석영 등이 쌓여서 굳은 것이다.

보석이라고 해도 크기가 작은 건 몇만 원 정도이다. 하지만 장구한 세월에 걸쳐 만들어진 것치고는 저렴하게 살 수 있으니 오히려 감사해야 할지도 모르겠다.

마노는 해안가에 자주 떨어져 있는데, 똥 화석이 마노로 변한 것은 매우 진귀하다. 나중에 좋아하는 사람에게 선물하는 것도 좋지 않을까?

똥이 보석으로!
시대를 뛰어넘어 공룡이 준 선물

제 3 장
번식을 위한 똥

동물이나 곤충 세계에서는 구애를 하고 새끼를 키우는 데 똥이 큰 역할을 한다. 똥을 굴리거나 먹이로 삼거나……. 이런 동물들의 똥을 둘러싼 놀라운 행동을 살펴보자.

놀라운 똥 15번째
똥파리
▶▶▶ P.60

놀라운 똥 17번째
붉은캥거루
▶▶▶ P.64

놀라운 오줌 4번째
남아프리카호저
▶▶▶ P.68

놀라운 똥 14번째
쇠똥구리

똥을 굴리며 암컷을 유혹한다

생태
자기 체중의 천 배 이상의 물체도 굴릴 수 있다. 똥만 먹는 것은 아니라 사육할 때에는 곤충 젤리 같은 것을 줘도 된다.

정답 ③다리처럼 보여서: 두 마리가 새끼를 잡고 있는 모습이 마치 다리가 걸려 있는 것처럼 보인다.

생물 데이터

이름	쇠똥구리	종족	곤충	몸길이	20~30mm
식성	잡식			수명	6개월~1년
서식지	한반도, 일본, 중국				

동물의 똥을 먹고 생활해서 '똥 벌레'로도 불리는 쇠똥구리. 이름대로 둥근 똥을 물구나무를 서 가면서 둥지까지 차근차근 굴려서 옮겨.

쇠똥구리는 암컷에게 구애할 때도 똥을 이용해. 인간 남자들은 차로 이성을 유혹하지만, 수컷 쇠똥구리는 똥을 굴리면서 유혹하거든.

남성이 마음에 들면, 여성이 남성의 자동차에 올라타듯이, 수컷 쇠똥구리가 마음에 든 암컷은 쇠똥구리의 똥에 올라타. 이렇게 커플 완성! 이대로 집까지 수컷이 운전(?)하면서 드라이빙 데이트를 하는 거지. 가끔 암컷이 똥 밑에 깔리기도 하지만 사랑의 힘은 참으로 위대해. 몇 번이나 똥에 달라붙어서 수컷에게 다가가거든.

서프라이즈 지수
- 깜짝이야!
- 놀라워
- 중간
- 조금

QUIZ 퀴즈

Q. 쇠똥구리가 알을 낳는 장소는?
① 나뭇잎 위
② 흙 속
③ 역시 똥 속

정답은 다음 페이지에

놀라운 똥 15번째
똥파리

똥을 먹고 성충이 된다

생태
다른 파리보다 몸이 가늘고 머리가 작은 게 특징이다. 이름으로 알 수 있듯이 유충은 똥을 먹지만 성충이 되면 육식성으로 바뀌어 작은 벌레를 잡아먹는다.

정답 ③역시 똥 속 : 똥 속에서 부화한 유충은 똥을 먹고 자라 똥 속에서 번데기가 된다.

생물 데이터

- **이름**: 똥파리
- **종족**: 곤충
- **몸길이**: 10mm
- **식성**: 육식
- **수명**: 1개월 반
- **서식지**: 세계 각지

파리 중에는 '똥파리'로 불리는 종류가 있어. 똥을 매우 좋아할 것 같은 이름인데, 이름처럼 똥파리 유충은 사람이나 동물의 똥을 먹고 자라.

하지만 파리 중에는 집파리(100페이지)와 검정파리, 쉬파리 등 똥을 먹는 종류가 꽤 많아. 그런데 왜 똥파리만 이렇게 '똥'이 이름에 붙었을까.

왜냐하면 똥파리 유충은 똥에서 태어나 성충이 될 때까지 계속 똥에서 살아. 수많은 파리 중에서도 '똥'이라는 이름과 가장 잘 어울리는 파리인 셈이지.

성충이 되면 똥 대신 작은 곤충을 먹지만, 이름은 여전히 똥파리야. 고향이 똥이라는 과거는 절대 사라지지 않거든……

서프라이즈 지수: 중간
조급

QUIZ 퀴즈

Q. 성충 똥파리의 수컷과 암컷은 어떻게 구분할까?
① 몸 색
② 날개 모양
③ 몸 크기

정답은 다음 페이지에

놀라운 똥 16번째
개

똥 냄새가 새끼의 표시

생태
인간이 처음으로 가축화한 동물이다. 반려동물뿐만 아니라 경비견이나 안내견, 양을 모는 목양견, 사냥을 돕는 사냥개 등 인간에게 다양한 도움을 주고 있다.

깜짝이야!
놀라워
중간
조금

정답 ①몸 색 : 수컷에게는 주황색 털이 나 있으며, 털이 없는 암컷은 몸 전체가 회색으로 보인다.

생물 데이터

이름	개	종족	포유류	몸길이	12~80cm
몸무게	1~90kg	식성	잡식	수명	13~15년
서식지	세계 각지				

개의 후각이 뛰어나다는 건 잘 알려진 사실이야. 개는 시각이 나쁜 대신에 냄새로 많은 정보를 얻어.

중국에 있는 어느 동물원에는 어미에게 버림받은 호랑이 새끼들에게 젖을 물린 어미 개가 있어. 이 어미 개는 왜 본 적도 없고 알지도 못하는 호랑이 새끼들에게 젖을 준 걸까? 그 이유는 바로 냄새야. 사실 사육사가 호랑이 새끼들 몸에 어미 개의 똥과 오줌을 묻혔거든. 자신과 같은 냄새가 나는 호랑이를 어미 개는 자기 새끼라고 착각한 거지.

사람으로 치자면 고릴라를 자기 아이라고 생각하는 것과 같아. 개에게 냄새는 그만큼 중요한 거야.

똥 데이터

- 양
- 냄새
- 굵기
- 특징: 몸 상태가 좋으면 바나나 모양

Q. 강아지가 온도를 감지하는 신체 부위는?
① 코 ② 귀
③ 혀

정답은 다음 페이지에

놀라운 똥 17번째
붉은캥거루

주머니 안에서 오줌과 똥을 싼다

- 습성
- 번식
- 몸 구조
- 의태·방어
- 미킹

생태
캥거루를 가까이에서 보면 울퉁불퉁 근육질이다. 암컷을 두고 싸울 때 수컷들은 근육을 자랑하면서 상대를 내쫓는다. 그런데도 결판이 나지 않을 땐 복싱하듯이 서로 주먹을 날린다.

정답 ①코 : 강아지는 코로 온도를 감지할 수 있다. 하지만 이 능력은 크면서 사라진다.

스트롱이조아스
중간
조금

생물 데이터

이름	붉은캥거루	종족	포유류	몸길이	130~160cm
몸무게	17~85kg	식성	초식	수명	10~20년
서식지	호주				

캥거루의 가장 큰 특징은 암컷의 배에 있는 커다란 주머니야. 캥거루 젖꼭지가 주머니 안에 있어서 새끼들은 주머니 안에서 모유를 먹으면서 성장해.

캥거루의 젖꼭지는 새끼가 입에 물면 끝이 부풀어 올라서 새끼가 입을 크게 벌릴 수 있을 때까지 빠지질 않아. 새끼가 '난 이대로 주머니에서 나가지 않고 어리광 피우면서 살 거야♡'라고 버티는 게 아니라 사실은 나가고 싶어도 나갈 수 없는 상태인 거야.

그 탓에 새끼는 똥이나 소변도 주머니 안에서 해결해야 해. 물론 뒤처리는 엄마 캥거루의 몫이지. 엄마는 자신의 주머니에 머리를 집어넣고 새끼가 눈 똥과 오줌을 혀로 핥아 먹어.

똥 데이터

양	🟤🟤🟤⬜⬜
냄새	🟤🟤🟤⬜⬜
굵기	🟤🟤🟤⬜⬜
특징	가는 것부터 둥근 것까지 다양함

QUIZ 퀴즈

Q. 막 태어난 새끼 캥거루의 크기는?

① 2cm ② 10cm
③ 30cm

정답은 다음 페이지에

놀라운 똥 18번째
찌르레기

생태
새끼 새가 다 자라 둥지를 떠나면 무리를 지어 생활하는데, 많을 때는 수만 마리에 이르기도 한다. 엄청난 수의 찌르레기 떼가 도시로 날아들어 똥 피해와 소음으로 사회 문제를 일으키기도 한다.

습성
번식
똥구조
의태·방어
마킹

둥지 밖으로 똥을 버리러 간다

서프라이즈 지수
중간
조금

정답 ①2cm : 갓 태어난 캥거루 새끼는 겨우 2cm. 자기 힘으로 엄마의 배를 타고 올라가 주머니 안으로 들어간다.

생물 데이터

이름	찌르레기	종족	조류	몸길이	20~25cm
몸무게	75~90g	식성	잡식	수명	7~8년
서식지	동아시아				

머리 위에서 "푸슝!" 하고 뭔가가 떨어진 것 같아 만져 보면, 손에 새똥이……. 이런 경험을 한 친구라면 알겠지만, 그날 기분은 정말 최악이야.

그렇다면 이런 낭패를 당할 위험이 큰 곳은 어디일까? 정답은 바로 새 둥지 밑. 새끼 새들은 아직 둥지를 떠날 수 없기에 둥지 안에서 똥을 눠. 그러면 부모 새는 둥지가 더러워지지 않도록 밑으로 똥을 떨어뜨리지.

하지만 찌르레기는 새끼의 똥을 입에 물고 일부러 둥지에서 수십 미터 떨어진 곳으로 버리러 가. 천적이 많은 찌르레기에게 둥지의 위치를 숨기는 건 매우 중요하거든. 새끼 똥이 둥지를 알리는 표식이 되지 않도록 몇 번이고 똥을 밖으로 나르는 거야.

똥 데이터
- 양
- 냄새
- 굵기
- 특징: 희고 검은 것이 질척질척

QUIZ 퀴즈
Q. 찌르레기를 키웠다고 알려진 위인은?
① 베토벤
② 모차르트
③ 바흐

정답은 다음 페이지에

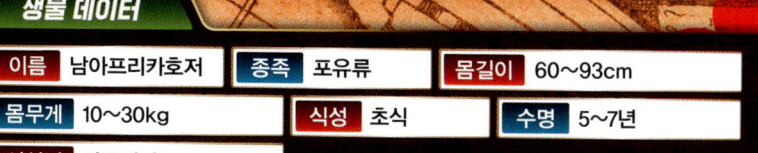

생물 데이터

이름 남아프리카호저	**종족** 포유류	**몸길이** 60~93cm	
몸무게 10~30kg	**식성** 초식	**수명** 5~7년	
서식지 아프리카			

고슴도치처럼 등에 날카로운 바늘이 산처럼 나 있는 호저. 호저는 성격이 난폭해서 이 바늘을 무기 삼아 천적에게 먼저 달려들기도 해.

그리고 호저는 구애하는 방식도 상당히 공격적이야. 마음에 드는 암컷을 발견한 수컷 호저는 마구 울어 대면서 프러포즈를 해. 암컷이 수락하면, 수컷은 뒷발과 꼬리로 지탱한 채 일어서지.

그다음, 수컷은 그 자세 그대로 암컷을 향해 많은 양의 오줌을 누기 시작해. 당연히 암컷은 수컷의 오줌을 뒤집어쓰지만, 이게 바로 호저식 애정 표현이야. 암컷은 이 오줌에 취해 짝짓기까지 한다고 해.

똥 데이터

- **양**
- **냄새**
- **굵기**
- **특징** 둥근 원통 모양이 많음

QUIZ 퀴즈

Q. 호저의 바늘은 몇 개나 될까?
① 1만 개   ② 3만 개
③ 5만 개

정답은 다음 페이지에

놀라운 오줌 5번째
딸기독화살개구리

오줌을 뿌리며 알을 키운다

생태
이름에 '딸기'라는 단어가 있지만, 온몸이 붉은색은 아니다. 몸 색과 무늬는 서식 장소에 따라 다르며 개중에는 몸 색이 녹색과 청색인 것도 있다.

습성 / 번식 / 몸 구조 / 의태·방어 / 미킹

서프라이즈 지수
- 놀라워
- 중간
- 조금

정답　②3만 개 : 호저의 바늘은 의외로 쉽게 빠진다. 빠져도 매일 새로운 바늘이 자란다.

생물 데이터

이름	딸기독화살개구리	종족	양서류	몸길이	17~24mm
식성	육식			수명	5~10년
서식지	코스타리카, 니카라과, 파나마의 열대 우림				

독화살개구리류는 모두 200종류가 있는데, 붉은색, 파란색, 노란색 같은 원색의 화려한 몸 색을 하고 있기 때문에 멀리서 봐도 독이 있다는 것을 바로 알 수 있어.
그리고 몸 색이 각양각색인 것처럼 새끼를 키우는 방식도 종류에 따라 다양해. 딸기처럼 새빨간 딸기독화살개구리는 강이나 연못이 아닌, 바위나 쓰러진 나무 같은 눅눅한 곳에 알을 낳아. 이 알을 지키는 건 수컷의 임무야. 알이 건조해지지 않도록 알 위에 오줌을 뿌려 키우지.
무사히 알이 부화하면 이번에는 올챙이를 등에 업고 안전한 물웅덩이까지 전력 질주해. '그럴 거면 처음부터 물가에 낳지.'라는 생각도 들지만, 개구리에겐 개구리 나름의 사정이 있는 법이니까.

똥 데이터

양	🟫🟫⬜⬜⬜
냄새	🟫🟫🟫⬜⬜
굵기	🟫🟫🟫🟫⬜
특징	거무스름하며 가늘고 길다

QUIZ 퀴즈

Q. 독화살개구리의 이름은 어디서 유래했을까?
① 화살처럼 강력한 독이 있어서
② 독을 화살처럼 날려서
③ 화살촉에 칠하던 독으로 사용해서

정답은 다음 페이지에

놀라운 오줌 6번째
벌거숭이뻐드렁니쥐

생태

보통 쥐의 수명은 3년 정도지만, 벌거숭이뻐드렁니쥐는 30년 가까이 살 때도 있다. 아무리 나이를 먹어도 체력이나 번식력이 떨어지지 않고 늙지 않는 동물로 알려져 있다.

오줌을 맞으면 새끼를 낳지 못한다

놀라워
중간
조금

정답 ③화살촉에 칠하던 독으로 사용해서 : 원주민들은 화살촉에 독화살개구리의 독을 발라, 사냥할 때 사용했다.

생물 데이터

이름	벌거숭이뻐드렁니쥐	종족	포유류	몸길이	8~10cm
몸무게	30~80g	식성	초식	수명	25~30년
서식지	동아프리카				

꿀벌 세계처럼 무리 중에 계급을 만든 뒤 선택받은 여왕만이 아이를 낳는 생물들이 있어. 멀리 떨어진 두 눈과 커다랗게 돌출된 이빨, 강렬한 외모를 지닌 벌거숭이뻐드렁니쥐도 그중 하나야. 땅속에 집을 짓고 100마리쯤 모여서 무리로 생활하는데 군인, 식료 담당, 아이 돌보기 담당 등 각각의 분야에서 전문가들이 힘을 합쳐 여왕을 도와.
여왕만이 새끼를 낳을 수 있는데, 다른 암컷은 여왕의 오줌을 맞으면 새끼를 낳을 수 없어. 오줌에 포함된 페로몬이 새끼를 임신하는 기능을 약화시키기 때문인 것으로 추측하고 있어.

똥 데이터

양	🟫🟫⬜⬜⬜
냄새	🟫🟫🟫⬜⬜
굵기	🟫🟫🟫🟫⬜
특징	검은색외 둥근 원통 모양

QUIZ 퀴즈

Q. 벌거숭이뻐드렁니쥐와 관련이 없는 건 무엇일까?
① 화상 ② 골절
③ 암

정답은 다음 페이지에

놀라운 오줌 7번째
나일틸라피아

오줌양이 많을수록 암컷에게 인기가 많다

생태
성격이 난폭하여 영역 안으로 들어오려는 상대는 가차 없이 공격한다. 알과 새끼는 입에서 키운다. 다양한 나라에서 식재료로 쓰고 있으며 양식도 하고 있다.

정답 ③암 : 벌거숭이뻐드렁니쥐는 암에 내성이 매우 강해, 발암 물질을 주사해도 암에 걸리지 않는다.

생물 데이터

이름	나일틸라피아	종족	어류	몸길이	40~50cm
몸무게	2~3kg	식성	잡식	수명	3~4년
서식지	아프리카, 중근동				

나일틸라피아는 아프리카 대륙 등에 서식하는 담수어야. 일본에서는 '이즈미다이'라는 이름으로도 판매하는데, 회 맛이 도미와 비슷하다고 해.

수컷 나일틸라피아는 싸움을 잘하면 잘할수록 오줌을 많이 눠. 힘이 센 나일틸라피아는 오줌이 쌓이는 방광이 크고 근육질로 이루어져 있어서, 그만큼 많은 오줌을 눌 수 있어. 그리고 수컷의 오줌에는 암컷을 유혹하는 페로몬이 포함돼 있어. 오줌을 많이 눈다는 건 그만큼 많은 페로몬을 방출하는 거지. 즉, 오줌양이 많은 수컷일수록 암컷에게 인기가 있다고나 할까.

스프레이존 최강

중간

조금

QUIZ 퀴즈

Q. 진짜로 존재하는 나일틸라피아의 활용법은 무엇일까?

① 화상 치료　② 충치 치료
③ 심장병 치료

정답은 80페이지에

 COLUMN
화장실을 만드는 동물들

지금으로서는 결코 상상할 수 없지만, 18세기 유럽에는 거의 화장실이 없었다. 그 탓에 거리는 똥투성이였으며 전염병이 심각한 문제로 대두되고 수만 명이나 되는 사람이 사망했다. 인간에게 화장실은 그만큼 중요한 장소였다.

그러면 동물의 세계에서는 어떨까? 기본적으로 굴을 파서 사는 동물은 화장실을 만들고, 나무 위에서 생활하는 동물은 화장실을 만들지 않는다.

다만 화장실을 만든다고는 해도 인간과는 목적이 다르다. 동물들에게 화장실은 마킹을 위한 장소다. 사는 곳 가까이에 자신의 냄새를 방출하는 장소를 만듦으로써 영역을 주장한다. 또한, 공동 화장실을 만드는 동물은 그곳을 정보 교환의 장으로 활용한다. 쌓여 있는 똥을 보며 똥을 눈 주인의 성별과 짝짓기가 가능한 시기 등을 알 수도 있다.

너구리처럼 공동 화장실을 만드는 동물은 모두 그곳에서 오줌을 누고 똥을 싼다. 이는 무리의 규칙이나 마찬가지다.

동물들이 화장실을 만드는 건 마킹을 위해서다

제 4 장
몸 구조에 의한

사각형 똥과 동글동글한 똥……. 동물에 따라 똥의 모양도 각양각색이다. 개중에는 인간이 보석으로 삼는 똥을 싸는 생물도 있다. 이 장에서는 생물들의 몸 구조와 똥의 관계를 알아보자.

PICK UP

놀라운 똥 25번째
파랑비늘돔
▶▶▶ P.92

PICK UP

놀라운 똥 29번째
집파리
▶▶▶ P.100

똥

PICK UP

놀라운 오줌 9번째
미국가재
▶▶▶ P.112

놀라운 똥 19번째
향유고래

생태

네모난 각진 머리를 지닌 세계 최대의 육식 동물이다. 이빨은 있지만 주식인 오징어와 심해어 등은 그냥 집어삼킨다. 잠수를 잘하는데, 최대 3,000m나 잠수한 기록도 있다.

습성 | 번식 | 몸구조 | 의태·방어 | 마킹

금보다 비싼 똥을 눈다

스프레이 똥 가스

깜짝이야!
놀라워
중간
조금

정답 ①화상 치료 : 브라질에서는 심한 화상을 입은 사람에게 나일틸라피아의 껍질을 붙여 치료하기도 한다.

80

생물 데이터

이름	향유고래	종족	포유류	몸길이	16~18m
몸무게	20~60톤	식성	육식	수명	60~70년
서식지	전 세계 대양				

해변에서 주운 똥이 1억 5천만 원 이상이라고? 꿈같은 이야기지만, 영국에서 실제로 있었던 일이야. 이 똥의 주인공은 향유고래. 장에서 가끔 '용연향'이라는 사향(향료)과 비슷한 향을 내는 똥을 만들어 내기에 이런 이름이 붙었어.

향유고래의 용연향이 비싼 이유도 향이 매우 독특해서야. 용연향은 고급 향수의 원료로 쓸 수 있어서 단 한 조각이라도 수천만 원의 가치가 있어.

이 이야기를 듣고 '세상에 향기가 좋은 똥도 있구나.' 하고 생각하겠지? 하지만 '용연향' 자체의 향은 고약해. 이걸 수만 배로 희석해서 향수로 만드는 거야.

※용연향은 변비 상태의 똥처럼 딱딱하다.

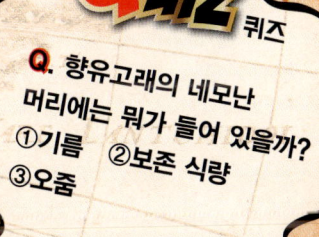

Q. 향유고래의 네모난 머리에는 뭐가 들어 있을까?
①기름 ②보존 식량
③오줌

정답은 다음 페이지에

놀라운 똥 20번째
바라노글로수스 카르노수스
(Balanoglossus carnosus)

바닷속에 원을 그린다

생태
반삭동물은 절에서 난간 기둥 맨 윗부분에 다는 파꽃 모양의 장식과 비슷하다고 해서 이런 이름이 붙었다(일본에서는 반삭동물을 '기보시'무시로 부르는데, 기보시는 기둥 장식인 의보주(擬寶珠)의 일본어 발음이다.). 몸이 잘려도 시간이 지나면 다시 자란다.

정답 ①기름 : 깊이 잠수하고 싶을 땐 코로 차디찬 심해수를 빨아들인 뒤, 기름을 굳혀서 딱딱하게 해 몸의 무게를 늘린다.

생물 데이터

이름	반삭동물	종족	장새류
몸길이	60~100cm	식성	여과식
서식지	태평양, 인도양		

해수욕장에 가서 물속에 몸을 담그면 속된 말로 똥처럼 생겼고, 억지로라도 좋게 말하면 몽블랑케이크처럼 생긴 5~6cm 정도의 물체를 발견할 때가 있을 거야.

이것의 정체는 반삭동물이라는 지렁이 비슷한 생물의 똥으로 '분괴(糞塊)'라는 거야. 반삭동물은 모래와 함께 작은 동물을 먹은 뒤 필요 없는 모래는 항문에서 똥으로 내보내. 똥이라고 생각하면 '절대로 근처에선 수영하고 싶지 않아!'라는 생각이 들겠지만, 똥이라고 해도 대부분의 성분이 모래라 전혀 더럽지 않아.

마찬가지로 갯지렁이라는 바다에 사는 지네처럼 생긴 생물도 바닷속에 분괴를 만든다고 알려졌어.

똥 데이터

- 양: ★★☆☆☆
- 냄새: ★★☆☆☆
- 굵기: ★★★★★
- 특징: 모래 똥

QUIZ 퀴즈

Q. 인간과 반삭동물의 유전자는 얼마나 비슷할까?
① 20% ② 50% ③ 70%

정답은 다음 페이지에

놀라운 똥 21번째
쿠프리아비두스 메탈리두란스

생태
다른 세균은 절대로 견디지 못하는 독성이 높은 염화금에서도 살 수 있다. 염화금을 먹은 뒤 금 똥을 누기까지 약 1주일 정도 시간이 걸린다.

금 똥을 싸는 세균

서프라이즈 레벨
- 깜짝이야!
- 놀라워
- 중간
- 조금

습성 / 번식 / 몸 구조 / 의태·방어 / 미킹

정답 ③70% : 반삭동물은 인간의 머나먼 조상이어서 유전자가 70%나 같다고 한다.

생물 데이터

이름	쿠프리아비두스 메탈리두란스	종족	세균류
몸길이	1μm	서식지	호주

2012년, 금 똥을 누는 생물을 발견하여 전 세계가 깜짝 놀랐어. 이 생물의 이름은 쿠프리아비두스 메탈리두란스야. 프리큐어(인기 애니메이션)의 새 시리즈가 아니라 '금속을 견디다.'라는 뜻의 세균이야.

자연계에는 액체 형태의 '염화금'이라는 물질이 있어. 금에 염소라는 독성이 섞여 있는 건데, 사람에게는 매우 위험해. 무심코 스치기만 해도 피부가 상하기 때문에 액세서리나 금니로도 쓰지 못해.

하지만 이 세균은 염화금을 먹고 몸에서 독을 분해해서 순금 똥(사금)으로 바꿀 수 있어. 하지만 정말 작은 세균이라 얻을 수 있는 양은 매우 적어. 돈벌이할 정도는 아니라는 거지.

Q. 1μm(마이크로미터)의 크기는 얼마일까?
① 1mm의 10분의 1
② 1mm의 100분의 1
③ 1mm의 1000분의 1

정답은 다음 페이지에

생물 데이터

이름	기린	종족	포유류	몸길이	380~470cm
몸무게	550~1,900kg	식성	초식	수명	20~25년
서식지	아프리카				

기린은 목이 매~우 긴 대형 동물이야. 코끼리보다 키가 큰, 세계에서 키가 가장 큰 동물로 알려졌어. 하지만 기린의 똥은 코끼리는커녕 얼룩말보다 크기가 작아서 한 덩이가 약 3cm밖에 안 돼. 크기도 모양도 마치 밤처럼 생겼어.

기린의 위는 소처럼 네 부분으로 나뉘어 있어서 먹은 잎을 몇 번이나 입으로 토해 되씹어.

이런 식으로 영양분을 확실히 흡수해서 기린의 똥에는 정말 필요 없는 것만 남아 있는 거지.

게다가 기린은 목이 너무 길어서 물을 마시는 게 힘들어. 당연히 똥에 포함된 수분도 적어서 작고 딱딱한 똥을 누는 거야.

똥 데이터

- **양**: 😊😊😊⚫⚫
- **냄새**: 😊😊😊⚫⚫
- **굵기**: 😊😊😊😊⚫
- **특징**: 동글동글 밤 같다

QUIZ 퀴즈

Q. 기린은 어떻게 울까?
① '멍멍' ② '음머~'
③ '파옹~'

정답은 다음 페이지에

놀라운 똥 23번째
바위비둘기

생태
일본에 비둘기가 온 건 천 년도 넘었다. 야생 비둘기도 사람들 근처에서 산다. 귀소 본능이 강해 1,000km 밖에서도 돌아온다고 한다.

습성 · 번식 · 몸 구조 · 의태·빙어 · 미킹

새하얀 똥은 사실 오줌이다

중간 / 조금

정답 ② '음머~' : 거의 울지 않지만, 우는 소리는 '음머~' 하는 소와 비슷하다.

생물 데이터

이름	바위비둘기	종족	조류	몸길이	30~35cm
몸무게	270~350g	식성	잡식	수명	35년
서식지	일본, 유라시아 대륙, 유럽, 북미				

비둘기는 똥을 내보내는 구멍과 오줌을 내보내는 구멍이 나뉘어 있지 않아. 그래서 비둘기가 '찌익!' 하고 내보내는 검고 흰 물체는 오줌과 똥이 섞인 거야. '비둘기는 왜 흰 똥을 싸요?' 하고 이상하게 생각하는 친구도 있겠지만, 비둘기의 똥은 사실 검은색 부분이고, 흰 부분은 오줌이야.

비둘기는 하늘을 날려면 몸이 가벼워야 해서 물을 거의 마시지 않아. 그 탓에 액체인 소변을 누면 체내 수분이 부족해질 수 있어.

비둘기의 똥은 걸어 다니는 사람들을 참 곤란하게 할 때가 많아. '흰 건 똥이 아니라 오줌이야!'라고 해서 뾰족한 수는 없지만, 그냥 토막 상식으로 알아 두자고!

똥 데이터
- 양
- 냄새
- 굵기
- 특징: 희고 검은 것이 질척질척

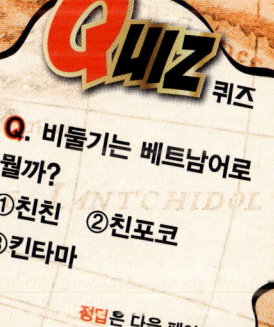

QUIZ 퀴즈

Q. 비둘기는 베트남어로 뭘까?
① 친친 ② 친포코
③ 킨타마

정답은 다음 페이지에

놀라운 똥 24번째
턱끈펭귄

똥을 40cm나 쏴서 날린다

생태
목 근처를 지나는 검은 선이 턱끈처럼 보여서 '턱끈펭귄'이라는 이름이 붙었다. 둥지는 작은 돌을 쌓아 올린 방석처럼 생겼으며, 벽이나 지붕은 없다.

정답 ②친포코 : '친'에는 새, '포코'에는 비둘기라는 뜻이 있다. 새하얀 비둘기는 '친포코짱'이라고 한다.

생물 데이터

이름	턱끈펭귄	종족	조류	몸길이	60~70cm
몸무게	4~7kg	식성	육식	수명	15~20년
서식지	남극 대륙 주위				

턱끈펭귄은 엉덩이를 들어 올린 뒤 둥지 안에서 밖으로 "풋!" 하고 똥을 날려 보내. 둥지 밖에서 볼일을 보는 게 귀찮아서가 아니라, 알을 품는 동안은 그곳에서 움직일 수 없어서야. 똥이 날아가는 거리는 무려 40cm. 만약 턱끈펭귄이 인간만큼 컸으면, 똥을 1m 이상 날릴 수 있다는 계산이 나와. 똥을 사방팔방 날리는 탓에 턱끈펭귄 둥지 주위는 마치 시계처럼 생긴 똥의 흔적이 있어.

때로는 옆 둥지로 똥이 튀는 경우도 있지만, 모르는 척하지. 왜냐하면, 자기 둥지에도 남의 똥이 튈 때가 있어서 서로 이해해 주는 거야.

똥 데이터

- 양
- 냄새
- 굵기
- 특징: 질척질척

QUIZ 퀴즈

Q. '터보건'은 펭귄의 어떤 생태를 뜻하는 단어일까?
① 뒤뚱뒤뚱 걷는 것
② 양발로 점프
③ 배 썰매

정답은 다음 페이지에

놀라운 똥 25번째
파랑비늘돔

생태

오키나와에서는 비늘돔류를 '이라부챠'라고 한다. 비늘돔류는 대부분 성장하면서 암컷이 수컷으로 성전환을 하는데, 수컷과 암컷의 무늬가 다른 경우가 많다.

습성 · 번식 · 몸구조 · 의태 · 방어 · 마킹

똥이 모래사장이 되다

깜짝이야! / 놀라워 / 중간 / 조금

정답 ③배 썰매 : 펭귄은 얼음 위를 배로 밀면서 이동한다. 이것을 '터보건'이라고 한다.

생물 데이터

이름	파랑비늘돔	종족	어류	몸길이	60~80cm
몸무게	8~12kg	식성	잡식	수명	5~7년
서식지	남일본, 태평양 연안				

오키나와 바다에 처음 간 사람은, 새하얀 모래사장을 보고 깜짝 놀라. 혼슈의 모래사장이 바위나 산이 깎여 만들어진 데 비해 오키나와의 백사장은 바다에서 만들어졌거든. 죽은 산호나 조개껍데기가 모래사장을 이루고 있어서 그렇게 새하얀 거야.

하지만 오키나와의 모래사장에는 큰 소리로 말할 수 없는 비밀이 있어. 그렇게 새하얗고 아름다운 모래의 일부가 파랑비늘돔이라는 물고기의 항문에서 나온 거거든. 그러니까 똥으로 만들어진 거야.

파랑비늘돔은 튼튼한 턱이 있어서 주식으로 산호를 먹어. 깨뜨려 먹은 산호를 소화하지 않고 산호 모래로 내보내는데, 이것이 나중에 해변에 쌓이면서 모래사장의 일부가 된 거지.

똥 데이터

양	💩💩
냄새	💩💩
굵기	💩💩💩💩💩
특징	모래사장이 되다

QUIZ 퀴즈

Q. 비늘돔(일본어로 부다이)의 이름 유래는?
① 못생겨서
② 헤엄치는 모습이 왠지 기분 나빠서
③ 이 물고기를 잡으면 불행해져서

정답은 다음 페이지에

생물 데이터

이름	기니피그	종족	포유류	몸길이	20~35cm
몸무게	500~1,000g	식성	초식	수명	5~7년
서식지	남미				

기니피그는 성별에 따른 외모 차이가 거의 없어서 수컷과 암컷을 구분하는 게 매우 어려운 동물이야. 전문가는 생식기로 구분하는데, 기니피그의 생식기는 면봉 끝보다 작아. 아마추어가 보면 뭐가 뭔지 전혀 알 수 없지.
여기서 주목해야 할 점은 똥의 모양이야. 수컷은 바나나 똥, 암컷은 둥근 타원형 똥, 이렇게 기니피그는 암컷과 수컷이 다른 모양의 똥을 누어. 똥 모양은 누구나 구분하기 쉬운 데다가 기니피그는 하루에 수십 번 똥을 누기 때문에 성별을 판단할 재료를 찾는 것도 어렵지 않아.
하지만 개중에는 바나나 똥을 누는 암컷도 있어서 이 방법으로 100% 확실하게 암수를 구분할 수는 없어.

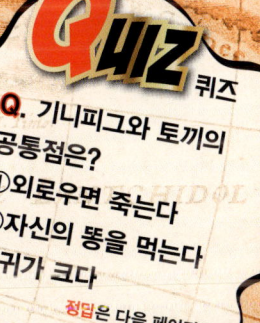

Q. 기니피그와 토끼의 공통점은?
① 외로우면 죽는다
② 자신의 똥을 먹는다
③ 귀가 크다

정답은 다음 페이지에

놀라운 똥 27번째
큰돌고래

생태
호기심이 강해 선박을 쫓거나 잠수부 주위로 몰려들기도 한다. 머리가 매우 좋고 사회적인 동물이라 소리를 이용해 친구들과 대화할 수 있다.

언제나 설사 모양의 똥

놀라워
중간
조금

정답 ②자신의 똥을 먹는다 : 기니피그와 토끼는 자신의 똥을 먹는 습성이 있다.

생물 데이터

이름	큰돌고래	종족	포유류	몸길이	2.5~3m
몸무게	300~400kg	식성	육식	수명	20~30년
서식지	전 세계 온대~열대 바다				

사람은 속이 안 좋으면 설사가 나와. 하지만 돌고래는 같은 포유류라도 반대야. 건강하면 할수록 설사에 가까운 똥을 눠. 돌고래의 똥은 마치 갈색 연기처럼 '뭉게뭉게' 피어올랐다가 바로 물에 녹아. 눈 깜짝할 새에 벌어지는 일이라 잘 보지 않으면 소변으로 착각할 정도야. 돌고래는 똥을 바다에 남기지 않는 방식으로 천적에게 자신이 사는 곳을 숨기는 건지도 몰라.

반대로 딱딱한 똥을 누는 건 몸이 매우 안 좋다는 뜻이야. 수족관 사육사들은 돌고래의 똥을 보고 몸 상태를 판단해. 그래서 돌고래가 아플 땐 인간이 먹는 것과 같은 약을 먹이기도 한대.

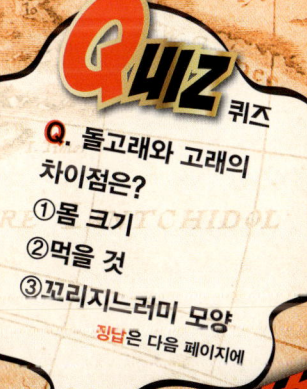

Q. 돌고래와 고래의 차이점은?
① 몸 크기
② 먹을 것
③ 꼬리지느러미 모양

정답은 다음 페이지에

생물 데이터

이름	개미귀신	종족	곤충	몸길이	10mm(유충 시절)
식성	육식		수명	2~3년	
서식지	한반도, 일본, 대만, 중국				

명주잠자리 유충인 개미귀신은 모래 바닥에 깔때기 모양의 함정을 만든 뒤, 떨어지는 벌레를 잡아먹어.
먹었으면 배설하는 게 살아 있는 생명의 기본. 하지만 개미귀신의 항문은 거의 막혀 있어서 똥으로 배출하기 어려워. 개미귀신이 똥을 누는 건 성충이 되는 순간, 딱 한 번이야. 이 시기에 유충 시절 동안 모아 둔 똥을 한 번에 다 내보내지. 유충 시기, 그러니까 똥을 모아 둔 기간이 무려 3년. 엄청난 양의 똥이 나오겠구나…… 싶겠지만, 사실 양은 정말 적어.
먹는다고는 해도, 먹잇감을 녹여서 츕츕 빨아 먹는 방식이라, 대부분 몸에 흡수되어 밖으로 내보낼 찌꺼기가 거의 없거든.

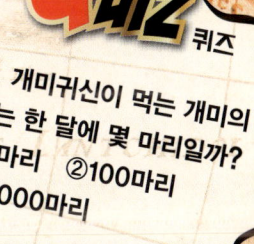

Q. 개미귀신이 먹는 개미의 수는 한 달에 몇 마리일까?
① 1마리 ② 100마리
③ 1,000마리

정답은 다음 페이지에

놀라운 똥 29번째
집파리

생태

'집파리'라는 이름에서도 알 수 있듯이 성충이 되면 사람이 사는 집에 종종 드나든다. 파리의 눈을 '겹눈'이라고 하는데, 2,000개 정도의 작은 눈이 모여 있다.

습성 / 번식 / 몸구조 / 의태·방어 / 마킹

다리로 똥을 맛본다

정답 ①1마리 : 개미귀신이라는 무시무시한 이름에 어울리지 않게, 개미는 거의 잡아먹지 않는다.

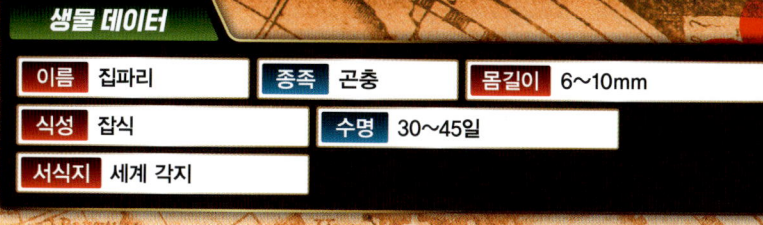

생물 데이터

이름	집파리	종족	곤충	몸길이	6~10mm
식성	잡식			수명	30~45일
서식지	세계 각지

선생님이 '똥 그림을 그리세요.'라는 숙제를 내 주시면, 몇몇 친구들은 똥에 파리까지 그려서 제출하기도 해.
거리에서 볼 수 있는 똥 위에 올라가 있는 벌레는 대부분 집파리라는 종류야. 60페이지에 등장한 똥파리와는 달리, 유충 때부터가 아니라 성충이 된 후에 똥을 먹기 시작해.
하지만 파리도 깨끗한 것을 좋아하는 경향이 있어. 파리가 종종 다리를 비비는 건 다리에 묻은 오물을 떼어 내기 위해서야. 파리의 다리 끝에는 맛을 느끼는 센서(미각)가 있어서 언제나 청결을 유지하지.
입으로 맛보는 건 다리로 먼저 맛을 본 뒤야. 이렇게 하면 독이 섞인 것도 피할 수 있어.

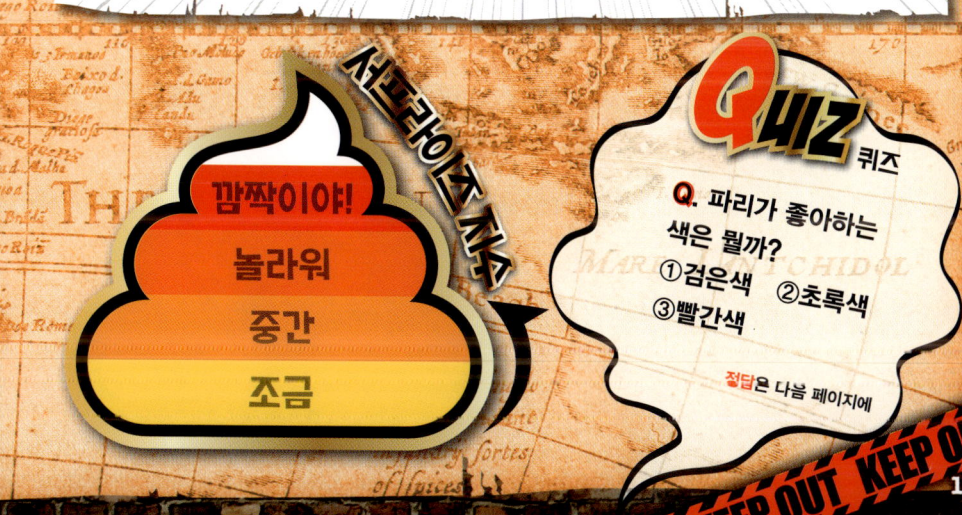

Q. 파리가 좋아하는 색은 뭘까?
① 검은색 ② 초록색
③ 빨간색

정답은 다음 페이지에

놀라운 똥 30번째
라플레시아 아르놀디

생태
똥 냄새가 나는 건 꽃이 필 때만이다. 꽃을 피울 때까지 약 3년이 걸리는데, 이렇게 피어도 5일 안에 죽는다. 냄새뿐만 아니라 색도 파리가 좋아하는 색이다.

똥 냄새가 나는 꽃이 핀다

정답 ①검은색 : 파리는 색을 구분할 수 있다. 파리의 먹잇감과 비슷한 색인 검정 계통의 옷을 입으면 파리가 마구 다가올지도 모른다.

생물 데이터

이름	라플레시아 아르놀디	종족	식물류	몸길이	90~95cm
몸무게	6~8kg		수명	5일(꽃)	
서식지	동남아시아				

라플레시아는 지름이 95cm나 되는 세계에서 가장 큰 꽃이야. 커도 너무 큰 라플레시아의 꽃잎은 마치 동물의 사체처럼 울긋불긋한 색이라, 꿈에 나올 정도로 임팩트가 커. 하지만 이 식물의 대단한 점은 외모보다 냄새야. 라플레시아는 '화장실 냄새가 나는 꽃', '세계에서 가장 고약한 꽃'이라고 불리거든.
자연계에는 벌과 나비 같은 곤충의 도움으로 가루받이를 하는 꽃이 많아. 라플레시아도 그중 하나지만, 라플레시아의 꽃가루는 특이하게도 파리가 옮겨 줘. 그래서 라플레시아는 파리를 불러 모으려고 파리가 좋아하는 똥 냄새를 풍기는 거야.

서프라이즈 지수
- 깜짝이야!
- 놀라워
- 중간
- 조금

QUIZ 퀴즈
Q. 라플레시아 꽃은 시들면 어떻게 될까?
① 새하얗게 변한다
② 새카맣게 변한다
③ 무늬가 사라진다

정답은 다음 페이지에

놀라운 똥 31번째
뚱보지렁이
(Megascolecidae)

생태
죽은 나뭇잎이나 미생물을 흙과 함께 먹는다. 다양한 동물의 먹잇감이 되기도 하는데, 독성이 강한 흙에서 살던 지렁이는 상대를 중독시킬 수도 있다.

습성 | 번식 | 몸구조 | 의태·빙어 | 미킹

똥이 밭을 윤택하게 한다

스프링코크 크기 · 중간 · 조금

정답 ②새카맣게 변한다 : 5일 동안만 꽃을 피우는 라플레시아. 꽃이 시들면 마치 숯처럼 까맣게 변한다.

생물 데이터

이름	똥보지렁이	종족	빈모류	몸길이	19~25cm
몸무게	8~12g	식성	잡식	수명	8~9개월
서식지	혼슈 이남				

농촌에서 종종 '지렁이가 기름지게 해 준 밭'이라는 말을 들을 때가 있어. 지렁이 똥이 풍부한 비료가 되어 신선하고 맛있는 채소를 자라게 하거든.

지렁이는 평소에 흙 속에서 생활하지만, 똥을 눌 때는 일부러 땅 위로 올라와. 식물의 뿌리는 밑으로 내려갈수록 수분을 더 빨아들이고, 지면에 가까울수록 양분을 더 빨아들여. 지렁이는 자신이 어디에 똥을 누어야 식물이 가장 좋아하는지 잘 아는 거야.

하지만 지렁이가 있는 곳에는 지렁이를 노리는 두더지도 있어. 지렁이가 열심히 노력해서 밭을 기름지게 해 줘도, 두더지가 엉망으로 헤쳐 놓은 경우가 많기에 '역시 지렁이도 소용없구나.'라는 원망을 듣기도 하지.

똥 데이터
- 양
- 냄새
- 굵기
- 특징: 흙 알갱이가 된다

QUIZ 퀴즈
Q. 일본에서 가장 긴 지렁이의 길이는?
① 50cm ② 70cm ③ 90cm

정답은 다음 페이지에

놀라운 똥 32번째
굴토끼

똥을 먹지 않으면 죽는다

놀라워
중간
조금

생태
반려동물로 키우는 토끼는 굴토끼를 가축으로 개량한 것이다. 작은 개체부터 큰 개체까지 다양한 품종이 있는데 모두 합해 150종류 이상이라고 한다.

정답 ③90cm : 일본에서 가장 긴 지렁이는 핫타지렁이(Drawida hattamimizu)라는 종류다. 시가, 이시카와, 후쿠이 세 현에서 볼 수 있다.

생물 데이터

이름	굴토끼	종족	포유류	몸길이	38~50cm
몸무게	1~2kg	식성	초식	수명	8~10년
서식지	유럽, 아프리카				

토끼는 다들 잘 아는 것처럼 동글동글한 똥을 싸기도 하지만, 수분이 많은 물렁물렁한 똥도 눠. '학교에서 키우는데, 그런 똥은 본 적이 없어요!'라고 말하는 친구들이 많은 것도 당연해. 이 똥은 친구들이 학교 가기 전에 토끼가 다 먹어 버리거든. 그것도 항문에서 직접 먹기에 절대로 눈에 보이지 않아.

물컹물컹한 똥은 풀 등을 먹은 뒤에 첫 번째로 누는 똥인데 소화하지 못한 영양분과 박테리아가 많이 포함돼 있어. 그래서 토끼는 이 똥을 먹음으로써 비타민 같은 영양분을 섭취하지. 한편, 동글동글한 똥은 영양분이 없는 두 번째 똥이야. '이건 좀 치워 줄래?'라는 표정을 짓는 걸 보면 기본적으론 먹지 않는다는 거지.

QUIZ 퀴즈

Q. 다음 중 옛날 일본에 정말 있었던 건?
① 토끼 세금 ② 토끼 연금
③ 토끼 공물

정답은 다음 페이지에

놀라운 똥 33번째
문조

생태
인도네시아가 원산지인 새로, 일본에 유입된 건 에도 시대(1603~1867)라고 한다. 반려조로 인기가 많으며, 새끼 때부터 사람에게 익숙해지면 사람의 손을 타고 놀기도 한다.

화장실을 못 가린다

- 습성
- 번식
- 몸구조
- 의태·방어
- 미킹

중간
조금

정답 ①토끼 세금 : 에도 시대에 토끼 붐이 일었다. 하지만 나라에서는 비정상적인 붐으로 발전하지 않도록 토끼를 키우는 사람에게 세금을 내게 했다.

생물 데이터

이름	문조	종족	조류	몸길이	13~15cm
몸무게	25~30g	식성	잡식	수명	7~8년
서식지	인도네시아, 필리핀, 말레이시아				

문조나 잉꼬를 키우는 사람들에게 똥은 참 골칫거리야. 아무리 가르쳐도 이 아이들은 아무 때나, 아무 데나 똥을 싸거든. 개나 고양이와는 달리 새는 화장실을 가리지 못해. 새들이 즐겁게 하늘을 나는 것처럼 보이지만, '하늘을 난다'는 건 보기보다 꽤 어려워. 언제라도 날아오를 수 있도록 몸을 늘 가볍게 해야 해서, 몸에 조금이라도 똥이 쌓이면 안 되거든. 이런 이유로 새들의 몸은 똥을 참을 수 있는 구조가 아니야. 그나마 다행인 건 문조의 똥은 냄새가 그렇게 고약한 편이 아니라는 점. 그것만으로도 어쨌든 살았다고 말할 수 있을걸.

똥 데이터

- **양**: 💩 (1/5)
- **냄새**: 💩💩 (2/5)
- **굵기**: 💩💩💩💩💩 (5/5)
- **특징**: 검고 흰 똥이 물컹물컹

QUIZ 퀴즈

Q. 문조는 영어로 뭐라고 할까?
① 라이스 버드
② 베지터블 버드
③ 브레드 버드

정답은 다음 페이지에

놀라운 오줌 8번째
먹바퀴

소변도 영양분이 된다

생태
무시무시한 생명력을 지닌, 지구에서 약 3억 년 전에 탄생한 곤충이다. 인간의 때나 머리카락까지 먹이로 삼는다. 일본에서는 혐오 벌레 중 하나지만, 해외에서는 반려동물로 키우는 사람도 있다.

정답 ①라이스 버드 : 야생 문조는 벼를 정말 좋아한다. 그래서 영어로 라이스 버드(Rice bird)라고 한다.

생물 데이터

이름 먹바퀴	**종족** 곤충	**몸길이** 25~30mm
몸무게 2~3g	**식성** 잡식	**수명** 1년 반~2년
서식지 한반도, 일본, 중국		

발견 즉시 비명이 터져 나오고 보자마자 슬리퍼로 마구 내리쳐야 할 것 같은, 어쨌든 싫어하는 요소만 두루두루 갖춘 바퀴벌레. 하지만 바퀴벌레는 생물계에서 매우 놀라운 능력을 지니고 있어.

그 능력이란 바로 소변을 보지 않는 것. 다른 동물들은 체내의 독을 소변으로 배출하지 않으면 금세 병이 나지만, 바퀴벌레는 이런 독도 양분으로 바꿀 수 있어. 만약 인간이 똥이나 소변을 에너지원으로 바꿀 수 있는 원리를 발견한다면, 우주여행도 그렇게 먼 나라 이야기는 아니야. 하지만 아무리 친환경적인 능력을 지니고 있어도 그 주인공이 바퀴벌레라면 '기분 나쁘다'고 생각할 수밖에 없어서 슬프달까.

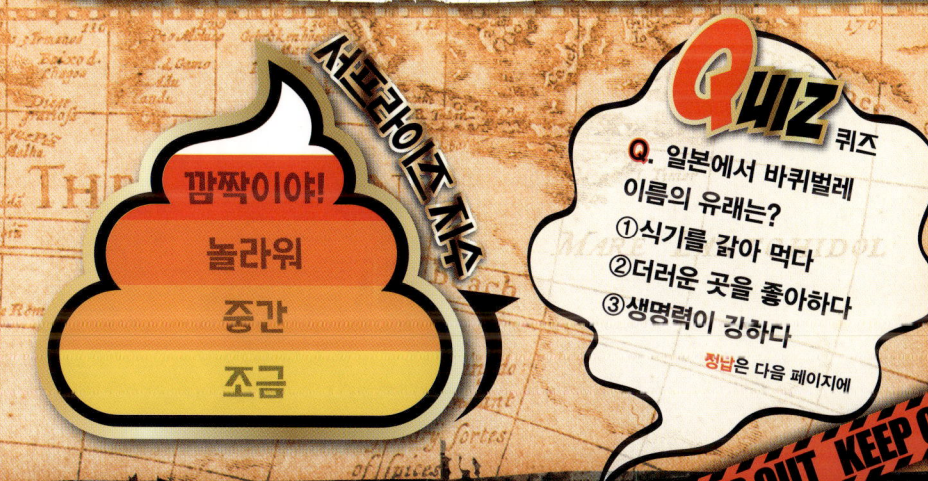

서프라이즈 지수
- 깜짝이야!
- 놀라워
- 중간
- 조금

QUIZ 퀴즈

Q. 일본에서 바퀴벌레 이름의 유래는?
① 식기를 갉아 먹다
② 더러운 곳을 좋아하다
③ 생명력이 강하다

정답은 다음 페이지에

놀라운 오줌 9번째
미국가재

머리로 소변을 본다

깜짝이야! / 놀라워 / 중간 / 조금

생태
이름대로 미국에서 건너왔다. 일본에서는 원래 '일본가재'라고 불리는 가재가 있었지만, 최근에는 외국에서 온 미국가재를 더 찾기 쉽다.

정답 ①식기를 갉아 먹다 : 고키(御器 : 그릇을 뜻하는 일본의 옛말)에 착 달라붙어(카부리츠크) 있다는 뜻에서 원래 '고키카부리'라고 불렀다. (현재는 고키부리)

생물 데이터

이름	미국가재	종족	갑각류	몸길이	8~12cm
몸무게	20~30g	식성	잡식	수명	3~5년
서식지	일본, 미국 등				

가재는 커다란 집게발을 가진 새우와 전갈의 일종이야. 학교에서 사육한 친구들도 많을걸.
가재는 신기하게 항문으로 물을 마셔. 거기에 더 놀라운 점은 물을 마신 가재는 머리로 소변을 본다는 거야.
물론 머리에 인간처럼 생식기가 있는 건 아니야. 가재는 '촉각 기관'이라는 기관으로 소변을 보는데, 더듬이가 붙어 있는 부분 근처에 촉각 기관이 있어서 머리에서 소변을 보는 것처럼 보이는 거야. 눈앞에서 소변이 퍼지는 걸 상상하면 좀 찝찝하지만, 가재는 뒤로도 잘 움직이니까 큰 문제는 없겠지.

Q. 가재가 등 푸른 생선만 먹으면 어떻게 될까?
① 집게발이 작아진다
② 몸이 파래진다
③ 눈이 좋아진다

정답은 다음 페이지에

놀라운 오줌 10번째
장수풍뎅이

생태
다 자란 수컷은 멋있는 뿔로 천적을 내던져 버린다. 성격은 기본적으로 온화한 편이라, 집어 던진 상대를 다시 쫓아가 공격하는 경우는 거의 없다.

습성 · 번식 · 몸 구조 · 의태 · 방어 · 마킹

한 발을 들고 소변을 본다

정답 ②몸이 파래진다 : 붉은색의 기본이 되는 색소(카로틴)가 없는 전갱이와 고등어를 계속 먹은 가재는 몸이 파래진다.

생물 데이터

이름	장수풍뎅이	종족	곤충	몸길이	40~50mm
몸무게	30~40g	식성	초식	수명	1~1년 반
서식지	동아시아				

개가 다리 하나를 들고 소변을 보는 건 모두들 잘 알 거야. 하지만 의외로 곤충의 왕인 장수풍뎅이도 비슷한 자세로 소변을 봐.

장수풍뎅이가 다리 하나를 들고 소변을 보는 이유는 몸을 더럽히지 않기 위해서야. 장수풍뎅이는 항문이 배에 있어서 다리를 들지 않고 소변을 보면 몸이 오줌투성이가 돼 버리거든.

'그럼 똥은 어떡해?'라고 생각하는 친구도 있지? 다 자란 장수풍뎅이는 수액 같은 액체만 먹고 살기 때문에 굳기가 있는 똥은 누지 않아. 똥도 액체 상태라 소변과 함께 '솨아!' 하고 힘차게 밖으로 내보내지.

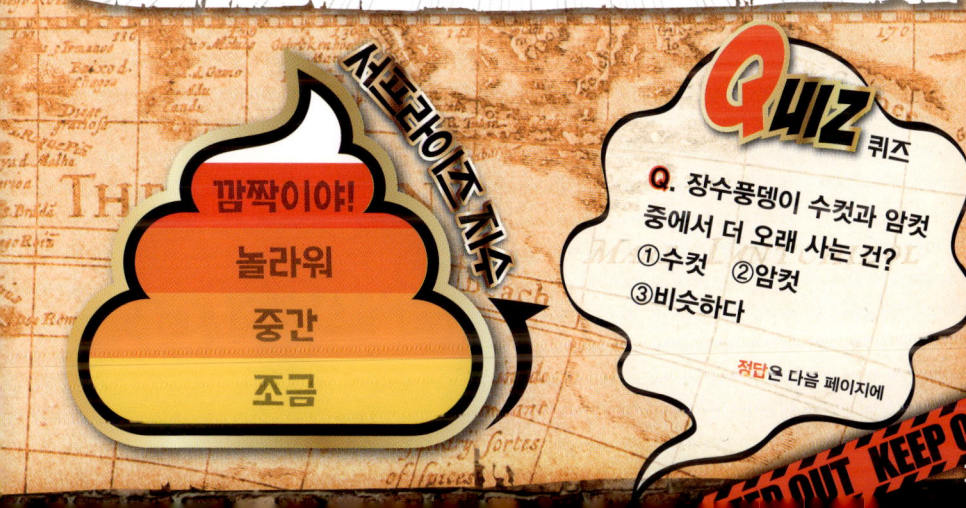

지그러움 지수
- 깜짝이야!
- 놀라워
- 중간
- 조금

QUIZ 퀴즈

Q. 장수풍뎅이 수컷과 암컷 중에서 더 오래 사는 건?
① 수컷 ② 암컷
③ 비슷하다

정답은 다음 페이지에

놀라운 항문 1번째
공벌레

생태

자극을 받으면 경단처럼 몸을 둥글게 만다. 곤충이 아닌, 새우와 게의 일종으로 공벌레도 원래는 바다에 살았다. 그 탓에 건조한 기후에 약하며 습한 곳을 좋아한다.

습성
번식
몸구조
의태·방어
마킹

엉덩이로 물을 마신다

정답 ②암컷 : 다 자란 수컷의 수명은 2개월, 암컷의 수명은 4개월이다. 단 산란을 할 경우 수컷과 비슷한 수명이 된다.

생물 데이터

이름 공벌레	**종족** 갑각류	**몸길이** 12~15mm
식성 잡식	**수명** 2~3년	
서식지 세계 각지		

보통 항문이라고 하면 '내보내는' 역할을 해. 입이 있는데 굳이 '이번엔 항문으로 먹어 볼까나 ♪' 하고 생각하는 생물은 없어. 하지만, 입이 있는데 항문으로 물을 마시는 생물을 몇 종이나 발견했지 뭐야. 공벌레도 그중 하나야. 공벌레는 입이 아닌 엉덩이에 물을 묻힌 뒤, 그 상태에서 물을 마신다고 해. 물론 학자들이 머리와 엉덩이를 잘못 본 건 아니야. 음식은 입으로 먹고, 똥은 항문으로 눴거든. 먹는 건 정상인데 왜 물 마실 때만 그럴까……. 학자들은 몹시 궁금했지만 아직도 원인은 밝히지 못했어. 그리고 사실 공벌레는 소변을 보지 않아. 소변으로 반드시 내보내야 하는 독성은 똥에 섞어서 내보내거든.

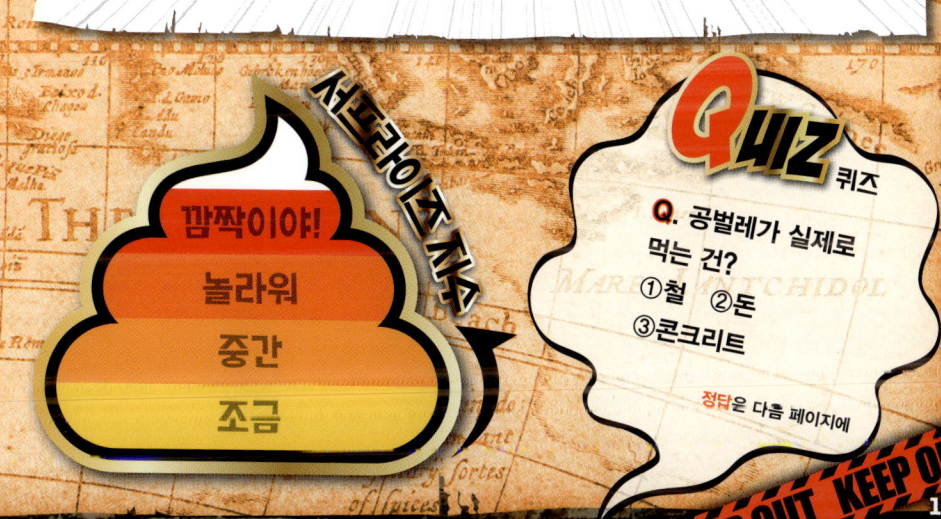

똥 드라이브 지수
- 깜짝이야!
- 놀라워
- 중간
- 조금

QUIZ 퀴즈
Q. 공벌레가 실제로 먹는 건?
① 철 ② 돈
③ 콘크리트

정답은 다음 페이지에

생물 데이터

이름	전기뱀장어	종족	어류	몸길이	200~250cm
몸무게	20kg	식성	육식	수명	15~20년
서식지	남미				

이름에 '장어'라고 붙긴 했지만, 닮은 건 외모뿐이야. 전기뱀장어는 몸에서 강력한 전기를 만들어 낼 수 있어서, 전기로 다른 물고기를 기절시켜서 잡아먹어. 물론 평범한 몸이었다면 이렇게 강력한 전기를 만들 수 없겠지. 전기뱀장어는 몸의 5분의 4가 발전 기관으로 되어 있어. 생존에 필요한 위와 장은 전부 머리 쪽에 몰려 있는데, 심지어 항문까지 목에 있어.
똥을 누는 모습은 마치 턱수염이 자라난 것처럼 보이지만, 이게 다 강력한 전기를 만들기 위해서 갖게 된 몸 구조지. 게임 세계에는 100만 볼트를 발사하는 피카츄도 있지만, 현실에 존재하는 생물 중에서는 800볼트의 전기를 만드는 전기뱀장어가 최강이라는 걸 잊지 마.

똥 데이터
- 양
- 냄새
- 굵기
- 특징: 꿈틀꿈틀

QUIZ 퀴즈
Q. 다음 중에서 실제로는 전기를 만들지 않는 생물은?
① 전기메기
② 전기해파리
③ 전기가오리

정답은 다음 페이지에

생물 데이터

이름	보름달물해파리	종족	자포동물	몸길이	15~30cm
식성	육식	수명	1~2년		
서식지	일본 근해, 태평양, 대서양, 인도양				

마치 젤리처럼 투명한 몸으로 바닷속을 흔들흔들 떠다니는 해파리. 뼈가 없어서 문어나 오징어와 같은 연체동물로 생각하기 쉽지만, 해파리는 산호와 말미잘과 같은 '자포동물'에 속해.

문어와 오징어는 입과 항문이 나뉘어 있지만, 해파리에는 구멍이 하나뿐이야. 식사도, 똥도 같은 구멍에서 해결해. 이 점이 바로 연체동물과 자포동물의 가장 큰 차이점이야. 더욱이 수컷 해파리는 정자를 물에 뿌릴 때도 이 구멍을 이용하고, 암컷 해파리도 이 구멍으로 정자를 받아들여. 뭐든지 다 할 수 있는 편리한 구멍이지만, 입과 항문이 나뉘어 있는 우리 인간이 보기엔 솔직히 별로 부럽진 않아.

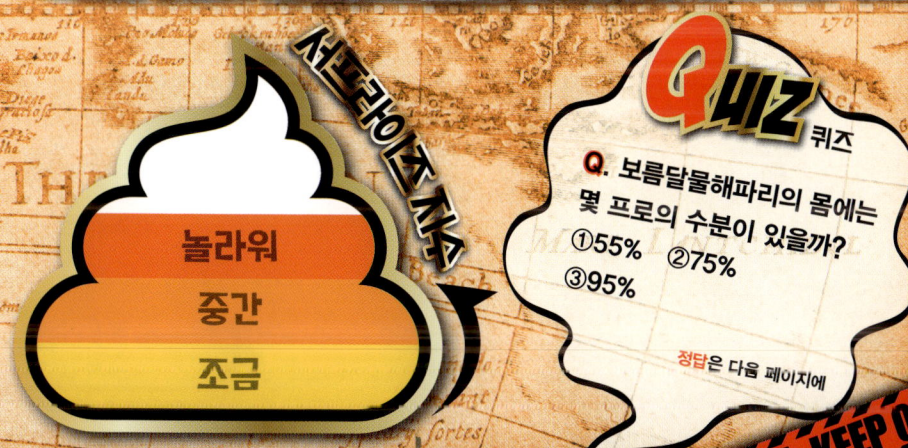

스트레스 지수
- 놀라워
- 중간
- 조금

QUIZ 퀴즈

Q. 보름달물해파리의 몸에는 몇 프로의 수분이 있을까?
① 55% ② 75%
③ 95%

정답은 다음 페이지에

놀라운 방귀 2번째
아프리카코끼리

깜짝 놀랄 정도로 어마어마한 방귀 소리

생태
아시아코끼리보다 상아가 큰데, 수컷의 상아는 무려 3m가 넘는다. 나이를 먹을수록 상아를 노리는 사냥꾼들과 많이 싸워서인지 아시아코끼리보다 공격적인 면이 있다.

깜짝이야!
- 놀라워
- 중간
- 조금

정답 ③95% : 해파리류는 몸의 대부분이 수분이다. 그에 비해 인간은 약 60%이며, 물고기는 약 75%의 수분으로 이루어져 있다.

생물 데이터

이름	아프리카코끼리	종족	포유류	몸길이	540~750cm
몸무게	2,500~7,500kg	식성	초식	수명	60~70년
서식지	아프리카				

육식 동물보다 초식 동물이 방귀를 더 자주 뀌어. 왜냐하면, 주식인 풀에 섬유질이 많기 때문인데, 먹는 풀의 양이 많은 코끼리는 하루 종일 방귀를 뀌어.

육지에서 생활하는 세계 최대의 동물, 아프리카코끼리의 방귀 소리도 덩치만큼 크다고 생각하겠지? 하지만 '생각보단 작던데.', '얼마나 큰지 고막이 터지는 줄 알았어!' 등등 사람에 따라 느끼는 정도는 달라.

그건 코끼리의 방귀는 자세에 따라 음량이 현격하게 달라지기 때문이야. 아프리카코끼리가 서서 방귀를 뀔 때는 항문이 느슨해져 있어서 소리가 그렇게 크지 않아. 하지만 잘 때 뀌는 방귀는 항문이 꽉 닫혀 있어서 배에 압박이 가해지기 때문에 거의 폭발음에 가까울 정도로 크지.

똥 데이터
- 양
- 냄새
- 굵기
- 특징: 크고 단단하다

Q. 아프리카코끼리가 실제로 할 수 있는 건?
① 냄새로 어디 사는 민족인지 알아낸다
② 사람의 외모로 출신지를 알아낸다
③ 사람의 말을 알아듣는다

정답은 128페이지에

반려동물의 똥 사정

반려인들에게는 '일상생활'이지만, 그렇지 않은 사람에게는 깜짝 놀랄 만한 것들이 있다. 바로 개나 고양이처럼 우리와 가까운 반려동물이 보여 주는 그들의 똥 사정.
개는 똥을 누면서 반려인을 불안한 듯이 빤히 바라볼 때가 있다. 이는 '여기서 볼일을 봐도 돼요?'라는 뜻이다. 또는 '지금은 움직일 수 없으니까, 무슨 일이 생기면 절 지켜 주세요.'라는 의미기도 하다. 반려견은 똥을 눌 때도 반려인과의 신뢰를 소중히 여기는 반응을 보이는 셈이다. 한편 반려묘는 똥을 눌 때 흥분하는 경우가 많다. 화장실에서 로켓처럼 튀어 올라, 방까지 전력 질주를 한다. 적에게 똥 냄새를 들켜 발각되지 않도록 그 자리를 빨리 피하려는 본능 때문이라지만 확실한 이유는 아직 밝히지 못했다. 어쩌면 똥을 눠서 기분이 상쾌한 나머지 그렇게 질주를 하는 건지도 모른다.

동물이 똥을 눌 때는 무방비한 상태가 된다. 개가 불안한 듯이 반려인을 바라보는 건 신뢰의 증표일 수도 있다.

**반려동물의 화장실도
야생 동물에 절대 지지 않을 만큼 개성적이다**

제 5 장
의태·방어를 위

자연계에는 여기저기 위험이 가득하다! 힘이 없는 생물들은 항상 천적에게 목숨을 위협받고 있다. 이때 이들을 돕는 것이 바로 똥이다. 똥으로 변하거나, 천적에게 똥을 던져서 몸을 지키고 있다.

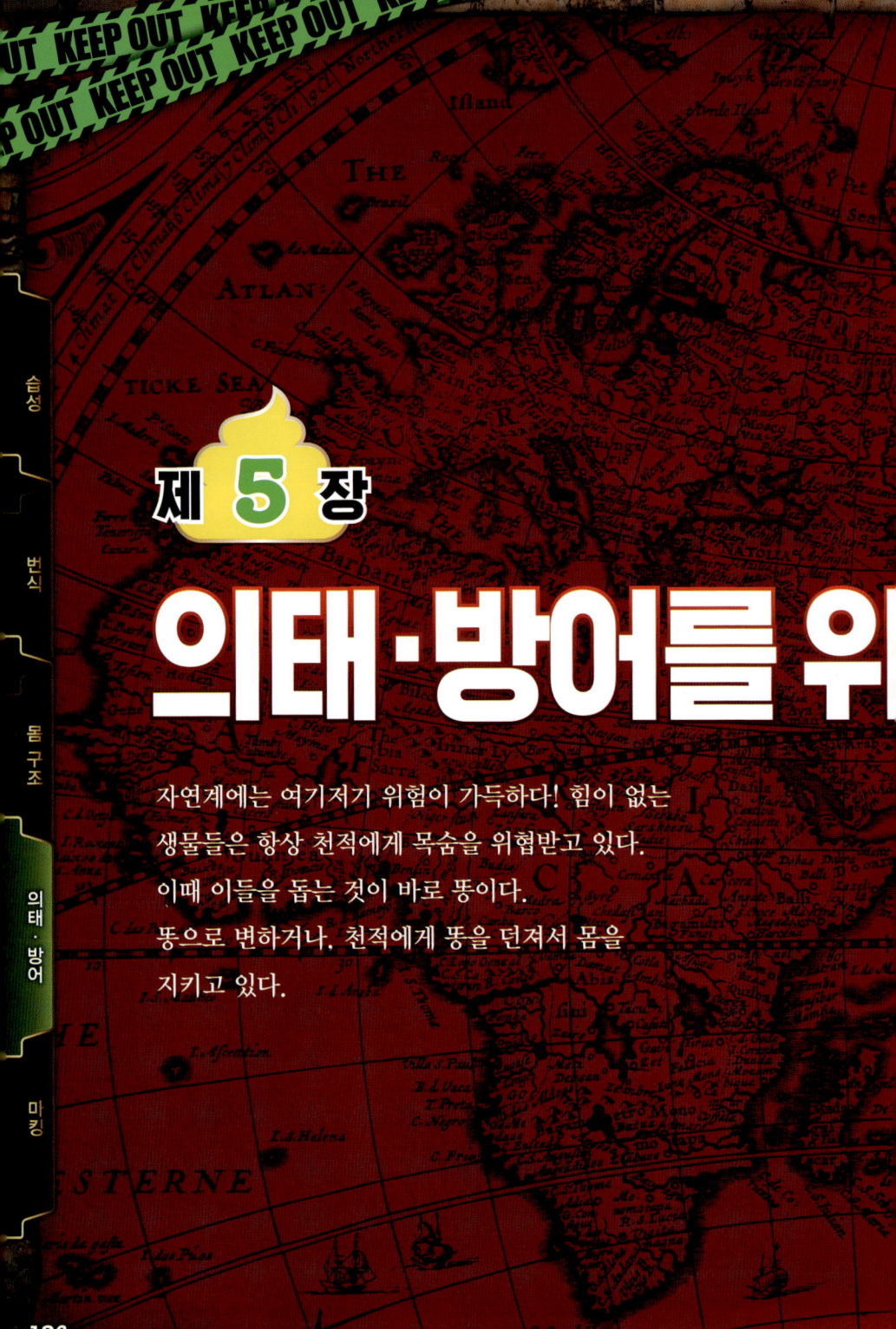

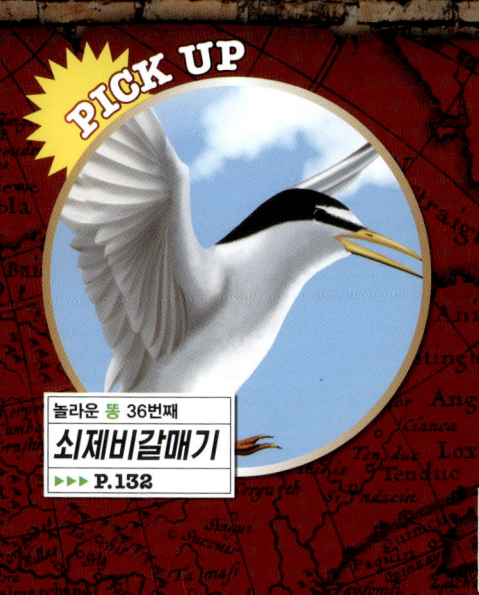

놀라운 똥 36번째
쇠제비갈매기
▶▶▶ P.132

놀라운 방귀 3번째
풀색노린재
▶▶▶ P.138

한 똥

놀라운 번외 편 3번째
숨이고기
▶▶▶ P.148

놀라운 똥 34번째
큰남생이잎벌레

생태

일러스트로 보면 박력이 넘치지만, 사실 무당벌레 정도의 크기다. 유충 때는 똥을 등에 지고 다니지만, 성충이 되면 투명한 플라스틱 케이스에 벌레가 들어 있는 듯한 특이한 모습으로 변한다.

습성 · 번식 · 몸 구조 · 의태 · 방어 · 미킹

유충은 똥을 장비로 삼는다

정답 ①냄새로 어디 사는 민족인지 알아낸다 / 코끼리를 사냥하는 민족을 피해 생활한다는 연구 보고가 있다.

생물 데이터

이름	큰남생이잎벌레	종족	곤충
몸길이	8~9mm	식성	잡식	수명	6~8개월
서식지	한반도, 일본, 중국

남생이잎벌레 유충은 자신의 똥으로 만든 '분관'을 등에 지고 생활해. 분관은 꼬리 끝에 달려 있는데, 몸을 슬쩍 비틀기만 해도 위아래로 움직일 수 있어. 간단히 말해 엉덩이에 어마어마하게 큰 부채가 달려 있다고 보면 돼.

분관은 때때로 똥으로 변해 은신처를 제공하고, 어떤 때는 적을 쫓는 무기로 사용되며, 또 어떤 때는 비바람을 막아 주는 방패 역할을 하면서 남생이잎벌레를 보호하고 있어. 분관의 모양은 남생이잎벌레 종류에 따라 달라. 개중에는 몸길이만 한 막대기 모양의 분관을 엉덩이에 달고 야구 방망이처럼 휘두르는 친구도 있지.

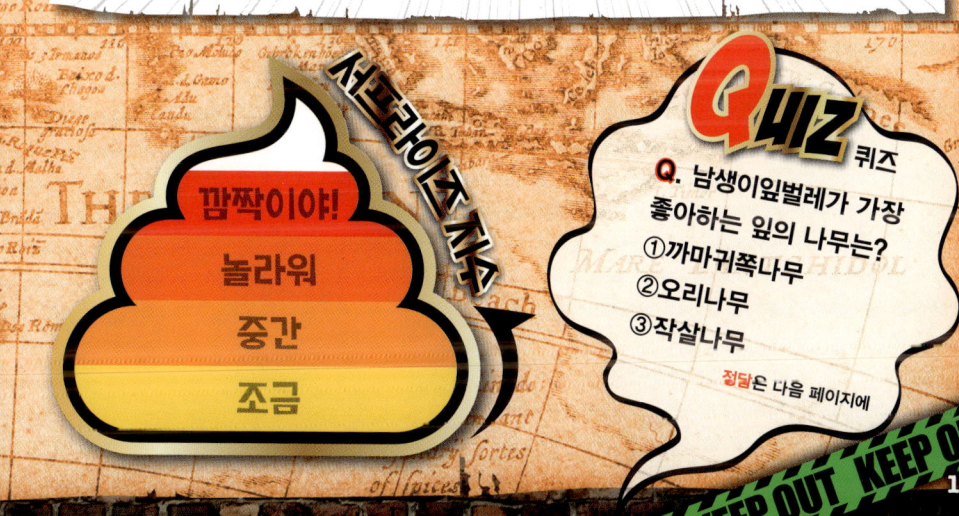

서프라이즈 지수
- 깜짝이야!
- 놀라워
- 중간
- 조금

Q 퀴즈
Q. 남생이잎벌레가 가장 좋아하는 잎의 나무는?
① 까마귀쪽나무
② 오리나무
③ 작살나무

정답은 다음 페이지에

놀라운 똥 35번째
혹잎벌레

어디를 봐도, 아무리 봐도 똥

생태
자나방 같은 벌레의 똥으로 의태하여 몸을 보호한다. 성충은 머리와 다리를 몸 안으로 접을 수 있는데, 이런 자세를 취한 혹잎벌레는 어느 각도에서 봐도 벌레의 똥으로 보인다.

정답 ③작살나무 : 작살나무는 3m 정도의 마편초과 나무다. 잎 뒷면에 남생이잎벌레가 붙어 있다.

생물 데이터

이름	혹잎벌레	**종족**	곤충
몸길이	3~4mm	**식성**	초식
서식지	한반도, 일본		

"난 커서 똥이 될 거야!"라고 말하는 친구는 거의 없지만, 혹잎벌레라는 곤충은 유충 때부터 적극적으로 똥이 되려고 노력하고 있어.

장수풍뎅이와 사슴벌레 같은 대부분의 갑충은 표면이 반질반질해. 하지만 다 자란 혹잎벌레의 표면은 울퉁불퉁해. 색뿐만 아니라 실제 질감까지 자나방이라는 벌레의 똥과 매우 비슷해. 얼마나 비슷한지 나도 모르게 감탄할 정도야. 이 정도로 완벽하게 똥인 척하고 있으면 천적에게 공격당할 일도 거의 없을 거야.

하지만 유충 때는 똥 같진 않아. 그래서 유충은 자신의 똥으로 침낭 같은 케이스를 만든 다음, 그 안으로 들어가 똥인 척하지.

서프라이즈 지수
- 깜짝이야!
- 놀라워
- 중간
- 조금

QUIZ 퀴즈
Q. 다음 중에서 정말 존재하는 생물은?
① 나무껍질밤나방
② 돌사마귀
③ 마른잎호랑나비

정답은 다음 페이지에

놀라운 똥 36번째
쇠제비갈매기

똥으로 적을 공격한다

생태
작은 몸집의 갈매기다. 호주와 뉴질랜드 주위에서 겨울을 나며, 여름이 되면 무리를 지어 일본으로 날아온다. 부리 색은 계절에 따라 변화하는데 여름에는 누르스름하고 겨울에는 거무스름하다.

서프라이즈 도

- 놀라워
- 중간
- 조금

정답 ①나무껍질밤나방 : 이름대로 나무껍질로 의태하는 나방이다. 나무껍질에 붙어 꼼짝도 안 할 때가 많다.

생물 데이터

이름	쇠제비갈매기	**종족**	조류	**몸길이**	24~28cm
몸무게	50~60g	**식성**	육식	**수명**	10~14년
서식지	온대부터 열대 연안				

새는 기본적으로 똥을 참지 않지만, 개중에는 똥을 눌 타이밍을 적절히 조절하는 경우도 있어.

쇠제비갈매기는 1년에 한 번, 사람이 없는 무인도 같은 곳으로 무리를 지어 날아가, 알을 낳고 새끼를 키워. 이렇게 이동하는 개체 수가 수천 마리에 이를 때도 있어. 섬 여기저기에 쇠제비갈매기가 쫙 깔려 있어서 발 디딜 틈도 없어.

그런데 이런 곳에 인간이 접근한다면 어떻게 될까? 쇠제비갈매기 떼는 괴성을 지르며 위협을 할 거야. 그런데도 상대가 물러나지 않으면 '조준! 발사!'라는 명령에 따라 한 마리씩 머리에 똥을 투척하기 시작해. 쇠제비갈매기들은 이런 연속 똥 폭탄으로 천적을 쫓아내고 알과 새끼를 지키는 거야.

똥 데이터

양					
냄새					
굵기					
특징	희고 검은 똥은 질척질척				

QUIZ 퀴즈

Q. 쇠제비갈매기는 어디에 둥지를 만들까?
① 나무 위 높은 곳에
② 물에 가까운 땅 속 깊이
③ 해안의 모래밭에

정답은 다음 페이지에

놀라운 똥 37번째
서부고릴라

똥을 던지면서 스트레스를 푼다

생태
'실버백'이라 부르는 수컷 보스 한 마리가 여러 마리의 암컷과 새끼를 거느리며 무리를 이룬다. 밀렵으로 수가 급감하는 바람에 멸종 위기에 처했다.

서프라이즈 지수
- 놀라워
- 중간
- 조금

정답 ③해안의 모래밭 : 쇠제비갈매기는 해안의 모래밭이나 자갈밭에 땅을 파서 둥지를 만든다.

생물 데이터

이름	서부고릴라	종족	포유류	몸길이	수컷 1.8m, 암컷 1.5m
몸무게	수컷 140kg, 암컷 70kg	식성	잡식	수명	40~50년
서식지	아프리카 중서부				

고릴라가 똥을 던지는 건 유명한 이야기지만, 사실 이런 짓을 하는 건 동물원 고릴라뿐이야. 야생 고릴라가 똥을 던지진 않아.

동물원에 사는 고릴라가 똥을 던지는 이유는 와자지껄 떠들면서 다니는 사람들 탓에 쌓인 스트레스를 풀려고 하는 거야. 우리 안은 좁은 데다가 불편한데, 거기에 매일 수많은 사람들에게 구경거리가 되어야 하니 고릴라가 얼마나 많이 스트레스를 받겠어.

그리고 고릴라는 똥을 던지자마자 바로 도망쳐. 왜냐하면 '인간이 내게 다시 똥을 던지러 오면 어쩌지?' 하고 겁을 내서야. 캐치 볼이 아닌 캐치 똥은 하고 싶지 않은 거지.

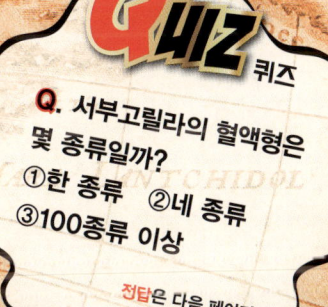

Q. 서부고릴라의 혈액형은 몇 종류일까?
①한 종류 ②네 종류
③100종류 이상

정답은 다음 페이지에

놀라운 똥 38번째
새똥거미

새똥하고 똑같다

생태
일본에서도 종종 볼 수 있는 거미의 일종. 밤이 되면 거미줄을 치고 작은 곤충을 잡아먹는다. 새똥하고 비슷하지만, 의태인지는 아직 확실하지 않다.

습성 / 번식 / 몸구조 / 의태·방어 / 미킹

정답 ①한 종류 : 서부고릴라의 혈액형은 한 종류로, 모두 B형이다. 하지만 고양이와 돼지는 대부분 A형이다.

생물 데이터

이름	새똥거미
종족	거미류
몸길이	8~20mm
식성	육식
서식지	일본, 대만

새똥거미는 모습이 새똥과 비슷해서 붙은 이름이야. 다리를 모으고 있을 때가 많은데, 그때 모습은 더 새똥 같아. 자연계에는 자신의 모습을 무언가와 비슷하게 하는, '의태'하는 생물들이 많아. 당연히 이 거미도 천적인 새로부터 몸을 지키고, 똥에 달려드는 파리 등을 사냥하기 위해 새똥으로 의태한다고 생각했어.

하지만 최근에 새똥거미는 새가 없는 밤에도 활동하는 데다가 거미줄로 사냥한다는 것을 알게 됐어. 그렇다면 굳이 똥으로 의태할 이유가 없는 거야. 어쩌면 새똥거미는 다른 생물을 의태한 건데, 사람만 새똥이라고 착각하는 건지도 몰라.

새똥 크레이지 지수

- 중간
- 조금

QUIZ 퀴즈

Q. 실제 있는 거미의 습성은 무엇일까?
① 거미줄로 옷을 만든다
② 거미줄로 낚시를 한다
③ 거미줄을 자기가 먹는다

정답은 다음 페이지에

놀라운 방귀 3번째
풀색노린재

자기 방귀 소리에 기절한다

생태
과일이나 녹즙을 쭉쭉 빨아 먹는 해충으로 알려져 있다. 방귀는 동료들에게 위험을 알리는 신호라 집단으로 있을 때 한 마리가 방귀를 뀌면 다른 노린재들은 일제히 도망친다.

정답 ③거미줄을 자기가 먹는다 : 거미는 재활용을 위해 거미줄을 다시 먹는다. 먹은 거미줄은 새로운 거미줄의 재료가 되는 셈이다.

생물 데이터

이름	풀색노린재	종족	곤충	몸길이	12~16mm
식성	초식	수명	1년		
서식지	한반도, 일본, 중국, 대만				

끔찍한 악취를 내뿜는 노린재. 손에 노린재의 방귀가 묻으면 아무리 손을 씻어도 근처에 노린재가 있는 것 같은 느낌이 사라지지 않아……

노린재가 방귀(정확히는 냄새가 나는 분비액)를 뀌는 건 자신이 위험하다고 판단할 때야. 그러니까 노린재 나름의 방어 무기인 셈이지. 냄새 성분은 방귀할데하이드……가 아니라 헥스알데하이드라는 성분으로 약하긴 하지만 독의 일종이야. 그래서 만지면 피부가 거칠어져.

하지만 이런 강력한 방귀에도 약점은 있어. 방귀가 노린재 자신에게도 영향을 미친다는 거야. 병 안에 다수의 노린재를 넣고 뚜껑을 닫아서 밀봉하면 하나둘 기절하다가 결국엔 죽는다고 해.

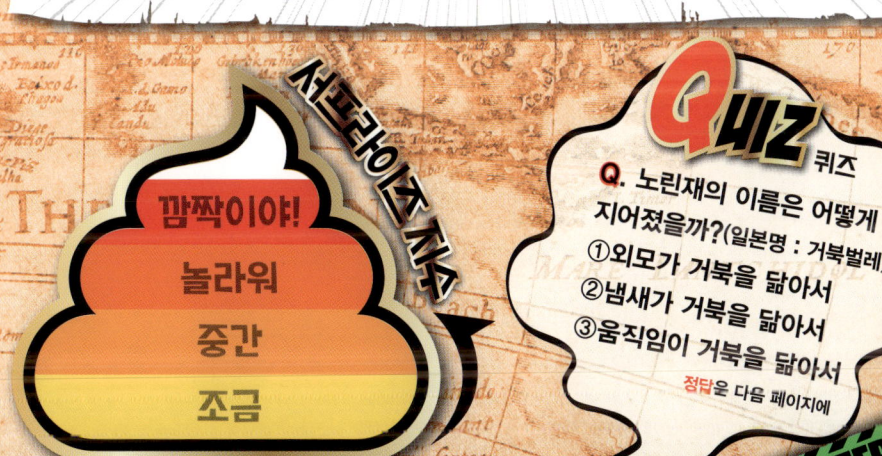

스포라이즈 지수

- 깜짝이야!
- 놀라워
- 중간
- 조금

QUIZ 퀴즈

Q. 노린재의 이름은 어떻게 지어졌을까?(일본명 : 거북벌레)
① 외모가 거북을 닮아서
② 냄새가 거북을 닮아서
③ 움직임이 거북을 닮아서

정답은 다음 페이지에

놀라운 방귀 4번째
폭탄먼지벌레

100도나 되는 방귀를 뀐다

습성 / 번식 / 몸 구조 / 의태·방어 / 미킹

생태
가스를 내뿜는 방향은 자유자재. 사람이 이 벌레의 방귀를 맞으면 화상까지는 아니더라도 살이 부어오르고 몹시 아프다. 성충은 화려한 몸 색을 지녔으며 야행성에 잡식으로 작은 곤충을 즐겨 먹는다.

정답 ①외모가 거북을 닮아서 : 겉모습이 거북의 등딱지를 닮아서 '거북벌레'라고 불리게 되었다.

생물 데이터

이름	폭탄먼지벌레	종족	곤충	몸길이	11~18mm
식성	잡식	서식지	한반도, 일본, 중국		

폭탄먼지벌레는 과산화수소와 하이드로퀴논을 몸에서 만든 뒤 이 두 성분으로 화학 반응을 일으켜 100도가 넘는 가스를 분출해. 과학 수업을 듣는 것처럼 어려운 설명을 했는데, 쉽게 말해서 이 벌레는 매우 뜨거운 방귀를 뀌는 게 특징이야. 폭탄먼지벌레가 가스를 내뿜는 건 노린재처럼 위험할 때야. 예를 들어 개구리에게 잡아먹힐 것 같을 때, 화끈한 가스를 개구리 입안에 쏴서 화상을 입힌 다음 줄행랑을 치는 거지. 곤충계의 화학 병기랄까. 하지만 가스를 분출할 때 '뿌직' 하는 소리가 나서 '방귀벌레'라는 부끄러운 이름으로도 불려.

서프라이즈 지수
- 깜짝이야!
- 놀라워
- 중간
- 조금

Q 퀴즈

Q. 폭탄먼지벌레의 방귀가 더 대단한 이유는?
① 암컷을 부를 수 있다
② 연속 발사가 가능하다
③ 죽어도 뀔 수 있다

정답은 다음 페이지에

놀라운 방귀 5번째
일본족제비

생태
주로 강가에서 생활하며 헤엄을 잘 친다. 개구리나 곤충뿐 아니라 물에 잠수해 물고기를 잡기도 한다. 야행성으로 공격적인 성격이다. 암컷보다 수컷이 훨씬 더 몸집이 크다.

'족제비가 뀐 마지막 방귀'를 뀐다

※일본 속담 중 하나

습성 / 번식 / 둥지구조 / 의태·방어 / 마킹

위험도 지수: 중간 / 조금

정답 ②연속 발사가 가능하다 : 위력이 줄지 않은 방귀를 몇 번이고 연속해서 발사할 수 있다.

생물 데이터

이름	일본족제비	종족	포유류	몸길이	27~37cm
몸무게	290~650g(수컷)	식성	육식	수명	6~7년
서식지	혼슈, 시코쿠, 규슈				

'족제비가 뀐 마지막 방귀'라는 속담은 '쫓길 때 쓰는 최후의 비상수단'이라는 뜻이야. 위기에 처했을 때 엄청난 악취를 내뿜는 방귀를 뀌어 상대가 움츠러든 사이에 도망치는 족제비를 소재로 한 속담이지.

그러면 실제 족제비의 마지막 방귀는 어떨까? 방귀라는 단어를 보면 '뿌웅!' 소리를 내는 가스를 떠올리지만, 사실은 항문 근처에서 나오는 액체를 말해. 그러니까 방귀는 아닌 거지.

그리고 같은 족제빗과에 속하면서 마찬가지로 '마지막 방귀'를 뀌는 페럿은 반려동물로도 인기가 많아. 반려동물 숍에서 입양을 기다리는 페럿들은 이런 방귀를 뀌지 않도록 수술을 받았다고 해.

똥 데이터

양	🟤🟤⚪⚪⚪
냄새	🟤🟤🟤⚪⚪
굵기	🟤🟤🟤⚪⚪
특징	거무스름한 바나나 모양

QUIZ 퀴즈

Q. 실제로 있는 일본 속담은 다음 중 무엇일까?
① 족제비의 손가락 자르기
② 족제비의 가로지르기
③ 족제비의 발톱 자르기

정답은 다음 페이지에

놀라운 방귀 6번째
동부얼룩스컹크

방귀 냄새가 독할수록 인기가 많다

생태
흑백의 털은 냄새나는 무기를 지니고 있다는 표식이다. 방귀는 2m 밖에서도 정확히 뿌릴 수 있다. 스컹크끼리는 방귀가 얼마나 독한지 모른다고 한다.

서프라이즈 지수:
- 놀라워
- 중간
- 조금

정답 ②족제비의 가로지르기 : 길을 가는데 족제비가 가로지르면 불길한 일이 생긴다는 일본의 속담이다.

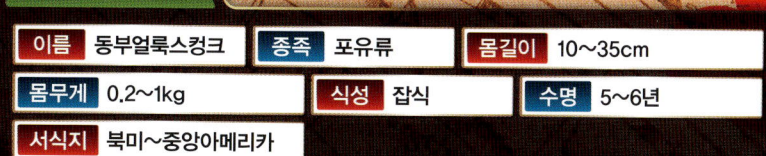

생물 데이터

이름 동부얼룩스컹크	**종족** 포유류	**몸길이** 10~35cm
몸무게 0.2~1kg	**식성** 잡식	**수명** 5~6년
서식지 북미~중앙아메리카		

최대 무기는 '1km 밖에서도 냄새를 풍기는' 방귀. 사실 이건 정확히 말해 '취선'에서 나오는 액체인데, 만약 이 액체에 맞으면 강렬한 냄새가 배서 일주일 이상 간다고 해.

대부분의 육식 동물은 냄새로 사냥해. 하지만 스컹크 방귀를 코에 직격으로 맞으면 사냥감의 위치를 알지 못해, 잘못하면 굶어 죽을 수도 있어.

그래서 이 방귀의 위력을 아는 동물들은 스컹크를 피해. 동물 세계에서는 강한 수컷일수록 암컷에게 인기가 많아. 스컹크 세계에서 강하다는 건 얼마나 방귀가 독하느냐에 달려 있어. 냄새가 독하면 독할수록 암컷에게 매력 있다고 해.

똥 데이터

- 양
- 냄새
- 굵기
- 특징: 보글보글

QUIZ 퀴즈

Q. 스컹크의 천적은 누구?
① 포유류 ② 조류
③ 파충류

정답은 다음 페이지에

놀라운 번외 편 2번째
알파카

마음에 안 들면 구토를 한다

생태
털을 얻으려고 가축으로 삼았으며, 부드러운 털은 스웨터 등의 재료로 사용한다. 주기적으로 털을 자르지 않으면 땅에 닿을 만큼 자라며, 여름 더위에 몹시 취약하다.

놀라워
중간
조금

정답 ②조류 : 천적인 독수리와 부엉이는 후각이 약한 편이라, 아무리 방귀를 쏴 대도 별 효과가 없다.

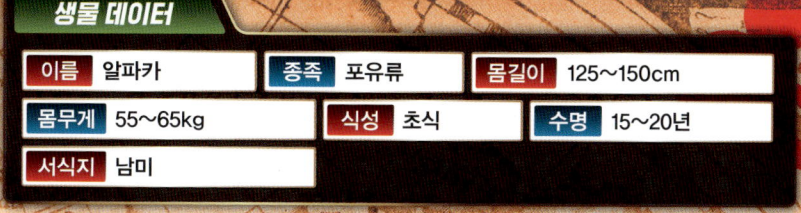

생물 데이터

이름	알파카	종족	포유류	몸길이	125~150cm
몸무게	55~65kg	식성	초식	수명	15~20년
서식지	남미				

알파카는 화가 나거나 무서울 때 "퉷!" 하고 입에서 액체를 발사해. 이 액체는 위에서 끌어 올린 것과 침이 섞인 거야. 그래서 침보다 토(토사물)에 가깝다고 할 수 있지.

알파카의 이런 행동은 상당히 기분 나쁘지만, 사실 이건 알파카의 유일한 공격 수단이야. 날카로운 발톱이나 송곳니가 없는 데다가 털을 자르면 빼빼 말라 보이기까지 하는 알파카에겐 토악질이 유일한 무기인 거지.

요즘엔 알파카를 만질 수 있는 동물원이 늘고 있어. 알파카를 귀여워하는 건 상관없지만, 만약 알파카의 기분이 안 좋아 보이면 조심해야 해. 바로 도망가지 않으면 냄새가 지독한 토사물을 뒤집어쓸 테니까!

Q. 알파카가 달릴 때 속도는?
① 시속 10km
② 시속 40km
③ 시속 70km

정답은 다음 페이지에

놀라운 번외편 3번째
숨이고기

생태
다른 동물 몸 안에 들어가기 쉽도록 장어처럼 길고 가는 체형이다. 낮에는 해삼의 항문 등에 숨어 안전하게 지내다가 천적이 활동을 잘 하지 않는 밤에 나와 먹이를 구하러 다닌다.

은신처는 해삼의 항문

습성 · 번식 · 몸 구조 · 의태·방어 · 미킹

정답 ②시속 40km : 느긋해 보이지만, 제대로 달리면 스쿠터와 비슷한 속도를 낸다.

생물 데이터

이름	숨이고기	종족	어류
몸길이	20~25cm	식성	육식
서식지	일본 근해		

숨이고기는 '숨어 사는 물고기'라는 뜻이야. 이름대로 다른 생물 몸에 숨어 지내는 상당히 진귀한 습성을 지닌 물고기지. 조개나 불가사리를 은신처로 삼을 때도 있지만, 가장 좋아하는 곳은 해삼의 항문이야. 해삼이 저항하지 않는다는 점을 이용해, 가는 몸으로 항문으로 쓱쓱 들어가 그 안에 몸 전체를 완벽하게 숨겨. 게다가 장 안에 해삼이 먹은 음식물이 남아 있으면 몰래 훔쳐 먹기도 하지. 숨이고기에게 해삼의 항문은 안전한 데다가 밥도 나오는 매우 훌륭한 집인 셈이야. 얼마나 거기가 편한지 숨이고기가 해삼 항문 안으로 들어가려고 보니까 벌써 10마리나 되는 숨이고기가 들어가 있던 적도 있대.

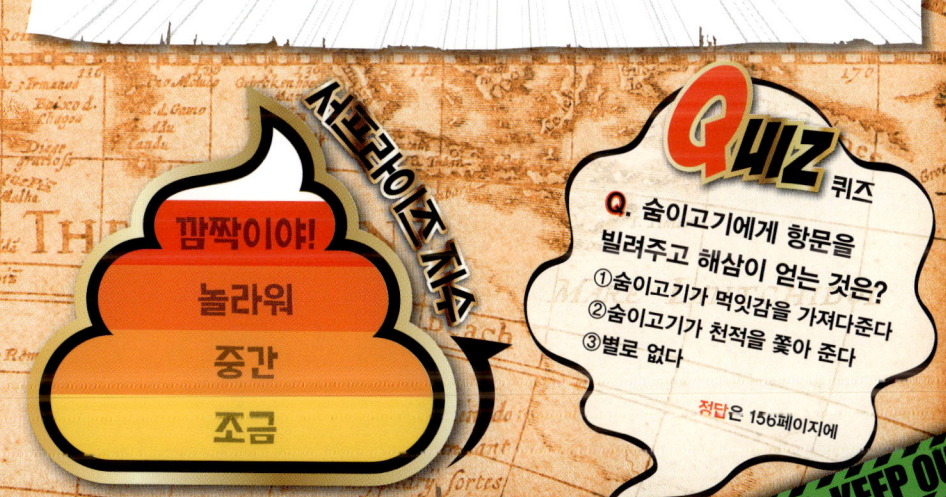

스크라이즈 지수: 깜짝이야! / 놀라워 / 중간 / 조금

Q 퀴즈

Q. 숨이고기에게 항문을 빌려주고 해삼이 얻는 것은?
① 숨이고기가 먹잇감을 가져다준다
② 숨이고기가 천적을 쫓아 준다
③ 별로 없다

정답은 156페이지에

 COLUMN

냄새나는 똥과 냄새나지 않는 똥

똥 냄새는 기본적으로 무엇을 먹었느냐에 따라 결정된다. 냄새가 고약한 순으로 나열해 보면, 육식>잡식>초식 순이다. 우리 인간은 잡식성이지만, 채소를 먹지 않고 고기만 먹으면 똥 냄새도 점점 심해진다. 방귀 냄새도 마찬가지다.

고기를 먹으면 장내 미생물이 단백질을 분해하는데, 이때 인돌과 스카톨이라는 냄새나는 가스가 몸에서 발생한다. 이 가스야말로 '똥 냄새'의 원인으로, 가스의 양이 많으면 많을수록 똥 냄새도 지독해진다.

한편 식물에는 단백질이 거의 없다. 그래서 인돌과 스카톨 대신 '메탄'이라는 가스가 발생하는데, 이 가스는 냄새가 거의 없다. 그 결과 초식 동물의 똥은 육식 동물의 똥보다 냄새가 덜 고약하다.

육식 동물의 똥 냄새는 단백질을 소화해서 생기는 가스 냄새다.
인간도 고기만 먹으면 똥 냄새가 심해질 수밖에 없다.

초식 동물보다
육식 동물의 똥 냄새가 고약하다

판다의 똥에서는
죽순의 상쾌한 냄새가 난다

지금까지 똥 냄새가 심하느니, 심하지 않다느니 하는 이야기를 했는데 '좋은 냄새가 나는 똥'도 있긴 할까? 판다는 대나무를 주로 먹는데, 장이 매우 짧아서 소화하는 양도 매우 적다. 그래서 똥에는 소화하지 못한 죽순이 잔뜩 남아 있다. 똥을 이루는 게 죽순이다 보니 '좋은 냄새가 나는 똥'이라고 할 수 있다.

또한, 향유고래나 사향고양이의 똥 냄새는 꽃향기와 비슷하여 극소량을 향수에 섞기도 한다. 똥 자체는 좋은 냄새가 나는 게 아니더라도 약간만 손을 댐으로써 확실하게 이미지를 바꾸는 똥도 있는 셈이다.

그런데 동물들은 자신의 똥에서 냄새가 나는 걸 알까? 대답은 '아니요.'다. 자신의 똥에서 냄새가 난다고 느끼는 건 인간뿐이다.

냄새나는 똥과 냄새나지 않는 똥

죽순과 대나무를 먹는 판다지만, 장은 육식 동물과 비슷한 길이다.
그 탓에 대부분 소화하지 못해, 녹색 똥을 눈다.

제 6 장
마킹을 위한 똥

개가 전봇대에 소변을 보는 것처럼 자신의 영역을 표시하는 마킹은 동물들이 자주 하는 행동 패턴 중 하나다. 개중에는 소변뿐만 아니라 똥으로 마킹을 하는 동물도 있다!

PICK UP

놀라운 똥 40번째
애기웜뱃
▶▶▶ P.158

PICK UP

놀라운 똥 45번째
검은코뿔소
▶▶▶ P.168

PICK UP

놀라운 오줌 13번째
대왕판다
▶▶▶ P.178

155

생물 데이터

이름	하마	종족	포유류	몸길이	3~5m
몸무게	1,000~4,500kg	식성	초식	수명	40~50년
서식지	중앙아프리카 등				

하마는 똥을 흩뿌리는 행위를 해. 문장으로는 간단하게 썼지만, 실제로 그 광경을 보면 입이 떡 벌어져. 거대한 몸이 "부웅!" 하고 오토바이 엔진 소리를 내며 다이내믹한 방귀를 뀌면서 꼬리를 프로펠러처럼 돌려 똥을 사방팔방으로 날리지. 하마는 영역 의식이 매우 강한 동물이야. 영역에 들어온 침입자는 설령 사자라고 해도 주저 없이 공격해. 똥을 뿌리는 것도 "여기는 내 영역이야!"라고 주장하는 거야. 자신의 냄새를 광범위하게 뿌리는 거지. 언제나 느긋해 보이는 이미지를 지닌 하마지만, 사실은 매우 위험한 녀석이야.

똥 데이터

- 양: ●●●●●
- 냄새: ●●●○○
- 굵기: ●●○○○
- 특징: 끈적끈적한 똥

QUIZ 퀴즈

Q. 하마의 땀 색은 무슨 색?
① 투명 ② 검정 ③ 핑크

정답은 다음 페이지에

놀라운 똥 40번째
애기웜뱃

생태

동물원에서 사육하는 애기웜뱃은 인간과 접촉하는 것을 매우 좋아한다. 태풍으로 동물원을 일시적으로 폐쇄했을 때 외로운 나머지 병에 걸린 애기웜뱃도 있었다.

사각형 똥을 싼다

깜짝이야!
놀라워
중간
조금

정답 ③핑크 : 정확히는 땀이 아니라 피부에서 나오는 분홍색 점액질이다. 하마는 이 점액으로 피부가 마르는 것을 방지한다.

생물 데이터

이름	애기웜뱃	종족	포유류	몸길이	90~115cm
몸무게	22~39kg	식성	잡식	수명	10~15년
서식지	호주				

코알라의 친척인 애기웜뱃이지만, 나무는 잘 타지 못해. 땅에 구멍을 파서 굴을 집으로 삼아 생활해.

애기웜뱃은 집 밖에 주사위처럼 생긴 네모난 똥을 눠. '혹시 항문이 사각형 모양인가?'라고 걱정할 수도 있지만, 사실 이런 주사위 모양의 똥에는 지형이 불안정한 장소에서도 똥을 굴리기 어렵게 하겠다는 매우 큰 의미가 숨어 있어. 똥 냄새로 자신의 영역을 알리는 애기웜뱃은 모처럼 싼 똥이 어디론가 굴러가 버리면 곤란하거든.

애기웜뱃은 하루에 100개나 되는 똥을 눠. 몇 개는 굴러가도 괜찮을 것 같은데, 애기웜뱃에게는 그렇지 않나 봐.

똥 데이터

- 양
- 냄새
- 굵기
- 특징: 네모반듯한 똥

QUIZ 퀴즈

Q. 애기웜뱃 이빨의 특징은?
① 다이아몬드보다 강하다
② 평생 자란다
③ 바로 이빨이 썩는다

정답은 다음 페이지에

생물 데이터

이름	자이언트수달	종족	포유류	몸길이	85~140cm
몸무게	22~34kg	식성	육식	수명	10~12년
서식지	남미				

자이언트수달은 아빠, 엄마, 형제와 자매 등 가족이 무리를 이루어 살아. 가끔 근처에 사는 젊은이를 초대할 때도 있지만, 일단 무리에 들어온 수컷이 다른 무리로 이동하는 경우는 없어. 그만큼 가족의 단결력이 강한 동물이야.

자이언트수달은 화장실에서 의식을 치러. 아빠가 똥을 싸서 으깨고, 엄마도 똥을 싸서 으깨고, 온 가족이 똥을 싸서 다 함께 바닥에 똥을 비벼 대. 다 큰 딸 수달이 "아빠는 저쪽에서 볼일 보세요!"라고 말하지도 않아.

이 작업은 수달 가족의 마킹 행위야. 냄새가 되도록 오래 남도록 땅에 똥을 문질러 바르는 거지.

똥 데이터

- **양**
- **냄새**
- **굵기**
- **특징**: 거무스름하면서 번들번들

QUIZ 퀴즈

Q. 자이언트수달이 좋아하는 먹이는?
① 사자 ② 치타
③ 피라니아

정답은 다음 페이지에

놀라운 똥 42번째
너구리

생태
야행성으로 나무 타는 게 특기다. 특정 영역이 없으며 행동 범위는 무려 50헥타르에 이른다. 너구리 하면 떠오르는 땅딸막한 외모는 풍성한 겨울털 때문이며, 여름에는 의외로 늘씬하다.

습성 · 번식 · 동구조 · 의태·방어 · 마킹

똥을 한곳에 모아서 싼다

스트레인지조 지수
중간
조금

정답 ③피라니아 : 자이언트수달은 하루에 3kg나 되는 물고기를 잡아먹는다. 그중에서도 피라니아를 가장 좋아한다.

생물 데이터

이름	너구리	종족	포유류	몸길이	50~60cm
몸무게	4~10kg	식성	잡식	수명	8~10년
서식지	동아시아				

너구리는 근처에 사는 너구리끼리 공동 화장실을 만들어 모두 한곳에 똥을 싸. 이렇게 모은 똥 더미 중에는 큰 게 지름 50cm, 높이 15cm나 되는 것도 있어. 너구리들은 각각 자신의 행동 범위 안에 10개 정도의 똥 더미를 가지고 있다고 해.
똥 더미는 자신의 사는 곳을 알리는 간판 같은 역할을 해.
똥을 누는 건 '오늘은 여기 왔어.'라는 메시지고 다른 너구리가 싼 똥 냄새를 맡으면서 '어제 그 녀석이 왔었나 보네.' 하고 확인하는 거지.
만약 똥 더미에서 모르는 암컷 냄새가 난다면 수컷 너구리들은 다들 안절부절못하게 되겠지?

똥 데이터

양	🟤🟤🟤⚪⚪
냄새	🟤🟤🟤⚪⚪
굵기	🟤🟤🟤⚪⚪
특징	검은 똥이 많다

QUIZ 퀴즈

Q. 너구리의 장기는 무엇일까?
① 의태
② 죽은 척하기
③ 물건 던지기

정답은 다음 페이지에

놀라운 똥 43번째
우는토끼

똥을 피라미드 모양으로 쌓아 올린다

생태
'우는토끼'라는 이름대로 "키칫!", "피잇!" 하고 큰 소리로 울어 댄다. 다양한 식물을 먹으며 여름부터 가을에 걸쳐 겨울에 대비한 비상식량을 준비한다.

서프라이즈도

놀라워
중간
조금

정답 ②죽은 척하기 : 일부러 그러는 게 아니라, 소심해서 깜짝깜짝 놀라다가 기절하는 것이다.

생물 데이터

이름	우는토끼	종족	포유류	몸길이	12~16cm
몸무게	120~160g	식성	초식	수명	4~5년
서식지	동아시아				

우는토끼도 정해진 장소에서 똥을 싸는 동물이야. 보금자리 근처에 있는 평평한 바위 위를 화장실로 삼아서, 그곳에 똥 산을 열심히 쌓아 올리지. 조금이라도 더 잘 보이도록 높게, 높게 쌓아. 우는토끼는 똥 산으로 자신의 영역을 주장하거든. 다만 유감스러운 점은 우는토끼의 똥이 동글동글하다는 것. 쌓아 올리기가 참 어려운 모양이랄까. 그래서 우는토끼는 피라미드처럼 한 단, 한 단, 탑 쌓듯이 똥을 쌓아서 올려. 한 알에 4mm 정도 되는 똥을 쌓아서, 똥 산(높이 4cm 정도)을 완성해. 우는토끼의 노력을 안 친구라면 눈물을 흘리지 않을 수 없겠지?

똥 데이터

- 양
- 냄새
- 굵기
- 특징: 둥글고 대굴대굴

QUIZ 퀴즈

Q. 우는토끼의 동급생은 누굴까?
① 티라노사우루스
② 매머드
③ 도도

정답은 다음 페이지에

놀라운 똥 44번째
사자

생태
고양잇과 중에서는 보기 드물게 무리를 지어 생활한다. 수컷이 훨씬 멋있는 외모를 지녔지만, 사냥을 하는 건 암컷이다. 수컷은 다른 수컷으로부터 무리를 지키는 역할을 한다.

똥 냄새만으로 초식 동물이 도망친다

스크라이즈 지수
- 깜짝이야!
- 놀라워
- 중간
- 조금

정답 ②매머드 : 우는토끼가 처음 세상에 나타난 건 약 250만 년 전 빙하기. 이 시대에는 아직 매머드가 살고 있었다.

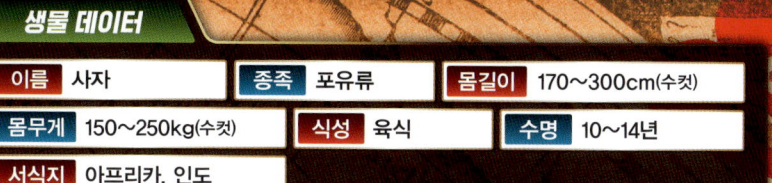

생물 데이터

이름	사자	**종족**	포유류	**몸길이**	170~300cm(수컷)
몸무게	150~250kg(수컷)	**식성**	육식	**수명**	10~14년
서식지	아프리카, 인도				

JR기세이선을 지나는 전철은 종종 사슴이 부딪히는 바람에 곤란을 겪었어. 그래서 직원 중 한 사람이 동물원에 부탁하여 천적인 사자의 똥을 받아 왔대.
이를 물에 푼 다음, 노선에 뿌리려는 계획을 세운 거지.
실제로 효과는 뛰어났어. 이 시도를 한 이후로 사슴과 충돌하는 사고가 현저히 줄어들었거든.
사실 일본에 사는 야생 사슴은 한 번도 사자를 본 적이 없어. 어디 그뿐일까, 사자라는 존재 자체를 몰라. 처음 맡은 냄새라서 경계한 걸까, 아니면 본능이 위험하다고 느낀 걸까……. 이유가 뭐든지 똥 냄새만으로 초식 동물을 내쫓는 걸 보면 역시 사자가 동물의 왕이라 할 만하지?

똥 데이터
- 양
- 냄새
- 굵기
- 특징: 냄새가 강렬하다

QUIZ 퀴즈
Q. 사자의 사냥 성공률은?
① 20% ② 40%
③ 60%

정답은 다음 페이지에

생물 데이터

이름	검은코뿔소	종족	포유류	몸길이	300~380cm
몸무게	800~1400kg	식성	초식	수명	40~45년
서식지	아프리카				

검은코뿔소는 시력이 안 좋아서, 눈앞에 뭔가가 있으면 '일단 뿔로 들이받고 보자.'는 매우 거친 방법을 써. 대신에 후각이 뛰어난 편이라, 영역 주장을 할 때는 냄새를 사용해. 검은코뿔소는 똥을 눈 다음, 뒷발로 똥을 밟아. 우리는 가능한 개똥도 밟지 않으려고 조심하잖아? 하지만 검은코뿔소는 자기가 먼저 적극적으로 '뿌지직' 하고 똥을 밟는단 말이지. 이렇게 발에 똥을 묻히면, 검은코뿔소가 지나간 자리에 똥 자국이 남아. 이 방법으로 자신의 냄새를 광범위하게 퍼뜨리는 거야.

똥 데이터

특징: 크고 단단하다

QUIZ 퀴즈

Q. 검은코뿔소의 뿔이 자라나는 속도는?
① 한 달에 5mm
② 한 달에 1cm
③ 한 달에 5cm

정답은 다음 페이지에

놀라운 똥 46번째
검은리머

생태
마다가스카르섬에서만 사는 진귀한 동물이다. 수컷과 암컷의 몸 색이 다른데, 수컷은 검은색, 암컷은 갈색이다. 10마리 정도가 무리를 이루어 생활하며 보스는 암컷이다.

습성 / 번식 / 몸 구조 / 의태·방어 / 마킹

서프라이즈 지수
- 깜짝이야!
- 놀라워
- 중간
- 조금

머리에 똥을 바른다

정답 ① 한 달에 5mm : 검은코뿔소의 뿔은 한 달에 5mm 정도 자란다. 반면 사람의 머리카락은 한 달에 1cm 정도 자란다.

생물 데이터

이름	검은리머	종족	포유류	몸길이	38~45cm
몸무게	2~3kg	식성	잡식	수명	15~20년
서식지	마다가스카르섬 북서부				

검은리머는 주로 나무 위에서 생활하는 동물이야. 그래서 영역을 표시하는 마킹도 땅에서 생활하는 동물과는 약간 달라.

검은리머가 마킹하는 곳은 나뭇가지야. 하지만 검은리머들은 똥을 적게 싸는 데다가 나뭇가지에 똥을 바르려고 해도 대부분 땅에 떨어뜨리고 말아.

그래서 수컷들은 똥을 싼 다음, 바디 크림처럼 똥을 자신의 머리와 손에 발라. 이렇게 '걸어 다니는 똥 상태'가 되면 똥으로 범벅이 된 몸을 나뭇가지에 비벼서 마킹해.

하지만 너무 열심히 비벼 댄 탓에 개중에는 머리털이 숭덩 다 빠진 개체도 있대.

똥 데이터

양	💩💩⬜⬜⬜
냄새	💩💩💩⬜⬜
굵기	💩💩⬜⬜⬜
특징	고체면서 부드러운 똥

QUIZ 퀴즈

Q. 검은리머의 또 다른 이름이 왜 검은여우원숭이 일까?
① 얼굴이 닮아서
② 우는 소리가 비슷해서
③ 꼬리 모양이 비슷해서

정답은 다음 페이지에

놀라운 똥 47번째
일본오소리

생태
보기와 달리 무는 힘이 센 야행성 동물이다. 보금자리는 몇 세대에 걸쳐 개축하는데, 최대 50m나 될 때도 있다. 너구리와 비슷한 외모이지만, 족제빗과 동물이다.

화장실은 문패 대신이다

습성 · 번식 · 둥지구조 · 의태·빙어 · 마킹

스프레이의 정도
중간
조금

정답 ①얼굴이 닮아서 : 여우처럼 코가 뾰족한 원숭이라서 여우원숭이라는 이름으로도 불린다.

생물 데이터

이름	일본오소리	종족	포유류	몸길이	58~68cm
몸무게	4.5~9kg	식성	잡식	수명	10~15년
서식지	혼슈, 시코쿠, 규슈				

오소리는 그 이름대로 땅 속에 굴을 파서 집을 지어(일본어로 오소리는 '구멍곰'이다). 집 안에는 복도와 침실, 비상구까지 있으며 넓은 집에는 세 가족이 살기도 해.

하지만 우리의 관심사인 화장실은 집 밖에 있어. 현관에서 약간 떨어진 곳에 얕은 구멍을 판 다음, 그곳에 가족 모두가 볼일을 봐.

화장실은 오소리 집의 문패 역할도 해. 근처에 사는 오소리는 굳이 집 안을 염탐하지 않아도 화장실 냄새로 어떤 가족이 사는지 알 수 있거든.

하지만 너무 쉽게 파악이 가능한 것도 문제야. 화장실에서 냄새가 나지 않으면 집이 비었다는 뜻이라 공들여 만든 집을 빼앗기기도 해.

똥 데이터

양	😊😊😊😊⚫
냄새	😊😊😊😊😊
굵기	😊😊😊⚫⚫
특징	막대기 모양이 많다

QUIZ 퀴즈

Q. 자고 있는 오소리가 자주 하는 행위는?
① 잠꼬대
② 자다가 오줌 싸기
③ 코 골기

정답은 다음 페이지에

놀라운 오줌 11번째
브라질세띠아르마딜로

생태
아르마딜로는 공처럼 몸을 말아서 자신을 지키는 이미지를 가지고 있다. 하지만 20종 정도 되는 아르마딜로 중에 몸을 공처럼 말 수 있는 건 브라질세띠아르마딜로속의 두 종류밖에 없다.

깨끗한 곳에서는 살 수 없다

- 깜짝이야!
- 놀라워
- 중간
- 조금

정답 ③코 골기 : 오소리는 인간과 마찬가지로 잘 때 코를 곤다.

생물 데이터

이름	브라질세띠아르마딜로	종족	포유류	몸길이	22~27cm
몸무게	1~1.6kg	식성	잡식	수명	12~15년
서식지	남미				

동물원에서 똥이나 오줌을 잘 볼 수 없는 건 사육사분들이 늘 깨끗하게 치워서야.
하지만 아르마딜로는 자기 방을 청소하는 것을 정말 싫어해. 아르마딜로를 생각한다고 방을 늘 깨끗하게 치워 두면, 죽을 때도 있어. 사인은 바로 '탈수증'. 신선한 물을 잔뜩 가져다줬는데도, 몸속 수분이 부족해지는 증상이야.
수컷 아르마딜로는 자기 방에 오줌으로 마킹을 해. 방을 청소해서 자신의 냄새가 사라지면 몇 번이고 다시 오줌을 싸. 이런 행위를 반복하다가 보면 생존에 필요한 수분까지도 모두 써 버리는 거지.

Q. 아르마딜로의 수면 시간은?
① 6시간 ② 10시간
③ 18시간

정답은 다음 페이지에

생물 데이터

이름	덤불개	종족	포유류	몸길이	60~75cm
몸무게	5~7kg	식성	육식	수명	8~10년
서식지	중미~남미				

덤불개는 다리를 들고 오줌을 싸. 이름에 '개'라는 단어가 있으니 당연하다고 생각하겠지만, 들어 올리는 건 무려 양쪽 다리야. 즉, 물구나무를 서서 오줌을 싸는 거지. 게다가 이런 자세로 오줌을 싸는 건 암컷뿐이야. 암컷 덤불개는 거꾸로 서서 오줌이 최대한 높은 곳에 맞도록 해. 왜냐하면, 몸집을 커 보이게 하고 싶기 때문이야. 하지만 덤불개 새끼들은 능숙하게 물구나무를 설 수 없어. 그래서 벽이나 나무에 대고 몇 번이나 연습하면서 조금씩 물구나무서는 감각을 익히지. 제대로 물구나무서기를 할 수 있는 건 한 살쯤 됐을 때야. 연습하는 모습을 보면 꼭 체육 수업을 받는 것 같아.

똥 데이터

양	
냄새	
굵기	
특징	똥도 개와 비슷하다

QUIZ 퀴즈

Q. 물구나무서기 외에 덤불개의 특기는?
① 뒤로 달리기
② 두 발로 달리기
③ 눈을 감고 달리기

정답은 다음 페이지에

생물 데이터

이름	대왕판다	종족	포유류	몸길이	120~150cm
몸무게	75~160kg	식성	잡식	수명	15~20년
서식지	중국				

물구나무를 서서 소변을 보는 동물이 덤불개만 있는 건 아니야. 동물원의 슈퍼스타인 판다도 덤불개처럼 물구나무를 서서 소변을 본다고 해.

하지만 판다의 물구나무는 덤불개보다는 예술 점수가 낮아. 굳이 이름을 붙이자면 '한쪽 발을 들고 소변을 보는 다이내믹 버전'이라고 할 수 있지. 몸을 받치는 다리만 나무에 걸고 그 자세 그대로 유지하면서 오줌을 싸는 거야.

수컷만 이런 행위를 하는데, 영역 표시 외에도 암컷에게 어필하려는 목적도 있어. 친구들이 아는 것처럼 판다는 개체 수가 매우 적은 동물이야. 오줌을 높은 곳에 뿌려서 조금이라도 냄새를 멀리 퍼지게 하면 쉽게 만날 수 없는 암컷에게도 자신의 위치를 알릴 수 있겠지?

똥 데이터

- **양**: 5/5
- **냄새**: 2/5
- **굵기**: 3/5
- **특징**: 풀 때문에 똥이 초록색이다.

QUIZ 퀴즈

Q. 일본에 있는 판다의 공통점은?
① 전부 이름이 네 글자다
② 모두 빌렸다
③ 모두 수컷이다

정답은 다음 페이지에

놀라운 오줌 14번째
마라

오줌에 GPS 기능이 탑재

생태
귀가 커서 토끼와 비슷해 보이지만, 쥐의 일종이다. 번식기에는 한 개의 굴 안에 여러 쌍의 부부가 살면서 공동으로 육아한다. 꼬리는 5cm 정도로 짧다.

서프라이즈 지수
- 놀라워
- 중간
- 조금

정답 ②모두 빌렸다 : 일본에서 태어난 판다라도 중국에서 빌린 개념이라 대여료를 지불해야 한다.

생물 데이터

이름	마라	종족	포유류	몸길이	50~75cm
몸무게	8~9kg	식성	초식	수명	7~10년
서식지	아르헨티나				

마킹이라는 행위에는 영역 주장 외에 암컷에게 어필하려는 목적도 있어. 휴대 전화가 없는 동물들은 나무에 오줌을 싸서 '내가 여기 있어. 괜찮으면 날 만나러 와.'라는 냄새 문자를 보내.

이때 수컷 마라는 간 크게도 암컷에게 자신의 오줌을 뿌려서 마킹해. 냄새를 따라가다 보면 결국엔 찾고 있던 암컷을 발견할 수 있거든.

예를 들어 문자로 만날 장소를 전달하려는 다른 수컷을 곁눈질하다가 약삭빠르게 GPS 기능을 사용하는 거지. 효율성이 높은 방법이긴 하지만, 좀 얌체 같기도 해…….

똥 데이터

- **양**: ●●○○○
- **냄새**: ●●●○○
- **굵기**: ●●●●○
- **특징**: 과립 형태로 가늘고 길다

QUIZ 퀴즈

Q. 마라 부부의 특징은?
① 폭군 같은 남편
② 평생을 함께 보낸다
③ 새끼는 한 마리만 낳는다

정답은 다음 페이지에

생물 데이터

이름	일본늑대	**종족**	포유류
몸길이	120~130cm	**몸무게**	15kg
식성	육식	**서식지**	혼슈, 시코쿠, 규슈
멸종			

오래전 일본에도 늑대가 살았어. 하지만 마지막으로 목격한 게 100년도 전의 일이라 아직도 밝히지 못한 생태 정보가 대부분이야. 얼마 안 되는 자료 중에 에도 시대에 작성한 백과사전인 『화한삼재도회(和漢三才圖會)』에는 '늑대, 사람의 시체를 보면 반드시 그 위를 뛰어넘으며 오줌을 뿌린 다음에 먹는다.'고 적혀 있어. 당시에는 산을 넘다가 기력을 다한 사람들이 많았고, 일본늑대는 그런 사람들을 사냥했을 거야. '오줌을 뿌린 다음에'라는 건 마킹 행위를 말하는데, 다른 짐승이 접근하지 못하게 하려는 목적으로 보여. 얼마 전에도 일본늑대로 보이는 동물을 목격했다는 사람이 있었는데, 결과적으로는 '너구리를 잘못 봤다'는 것이 알려져 실망한 적도 있어. 진실은 아무도 모르는 거지.

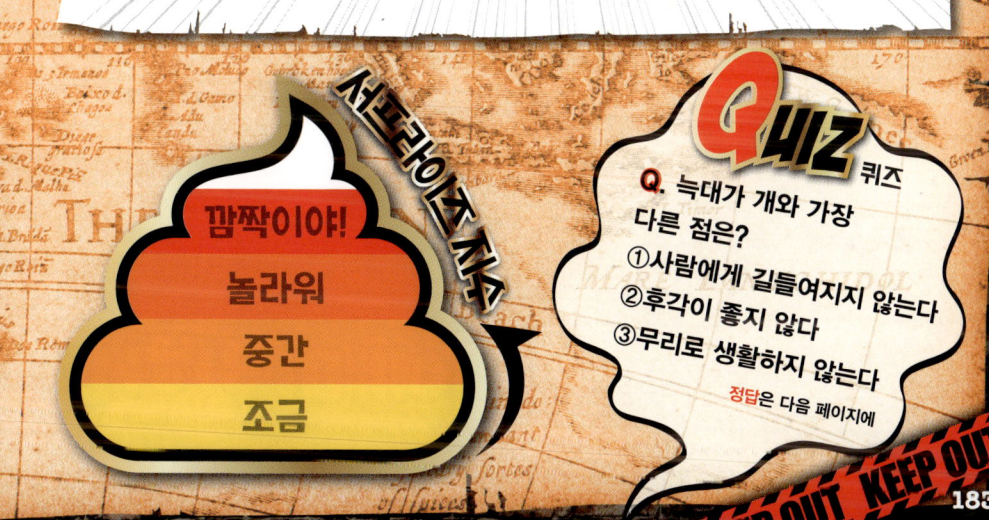

서프라이즈 지수

- 깜짝이야!
- 놀라워
- 중간
- 조금

QUIZ 퀴즈

Q. 늑대가 개와 가장 다른 점은?
① 사람에게 길들여지지 않는다
② 후각이 좋지 않다
③ 무리로 생활하지 않는다

정답은 다음 페이지에

생물 데이터

이름	아메리카비버	종족	포유류	몸길이	60~80cm
몸무게	12~25kg	식성	초식	수명	10~20년
서식지	북미				

비버는 갉아서 쓰러뜨린 나무와 진흙 등을 열심히 운반해 댐(강물을 막는 벽)을 지어. 이렇게 해서 큰 물웅덩이를 만든 뒤 그 안에 나무를 많이 쌓아서 이번에는 가족이 살 집을 만들지. 댐 길이가 100m나 될 때도 있어. 비버는 이런 대공사를 며칠 만에 해치우기도 해.

그래서 이렇게 집을 완성한 다음엔, 집들이를 해야겠지? 비버는 댐 위에 크림색 분비물로 마킹을 해. 이 분비액은 항문 가까이에 있는 '향낭'이라는 주머니에서 나온 거야. 이것을 가공하면 바닐라나 스트로베리 향이 나기 때문에 과자 향료로도 쓰인다고 해.

똥 데이터

양					
냄새					
굵기					
특징	둥글어서 대굴대굴				

QUIZ 퀴즈

Q. 비버의 다른 이름은?
①바다삵 ②바다너구리
③바다햄스터

정답은 다음 페이지에

COLUMN

똥을 이용하는 인간

동물의 똥은 다양한 형태로 사람에게 도움을 준다. 본 책에서도 '구아노'와 지렁이 똥을 소개했으나, 비료야말로 똥을 사용하는 가장 좋은 예이다. 사육하는 동물들의 똥을 비료로 바꾸려는 동물원도 점점 늘고 있다. 이렇듯 비료, 냄새를 활용한 향료, 향수 등은 동물 똥을 이용하는 다양한 방법으로 널리 알려져 있다.

하지만 세상에는 '어떻게 이런 생각을 했지?'라고 감탄할 만큼 독자적으로 똥을 상품화하는 나라도 많다.

인도네시아에서는 '코피 루왁'이라는 커피콩을 판매하고 있다. '코피 루왁'은 커피나무 열매를 먹은 사향고양이의 똥에서 소화되지 않은 씨앗(커피콩)을 찾아 씻어 낸 것이다. 사향고양이 몸을 한 번 통과하면서 독특한 향이 나는 커피콩이 탄생한 셈이다.

정답 ①바다삵 : 비버는 바다삵이라고도 부른다.

사향고양이가 눈 똥이 고급 커피가 된다.

동물 똥을 이용하는 방법은 나라에 따라 다양하다.

일본에서 '코피 루왁'을 마시려면 한 잔에 8천 엔(8만 원)이나 내야 할 때도 있다. 양이 적기에 그만큼 귀할 수밖에 없다.

동물의 똥 커피와 똥 차는
최고급품

또한, 코끼리 왕국인 태국에서는 코끼리 똥으로 만든 '블랙 아이보리'라는 커피콩이 있다. 이것도 기본적인 생산법은 '코피 루왁'과 같다. 대량 수확이 불가능하기에 최고급 커피콩 중 하나로 알려져 있다.

코끼리 똥은 커피뿐만 아니라 차로도 쓰인다. '사바나 티'라 불리는 차는 건조시킨 코끼리 똥을 찐 것이다. 아프리카에 사는 마사이족이 즐기는 차로, 마시면 식물의 풍부한 향을 느낄 수 있다고 한다.

또한, 곤충 똥도 차가 된다. 중국에서는 모기 유충에게 찻잎을 먹인 다음, 그 똥을 건조시킨 '곤충 똥 차'를 만들고 있다. 유충이 먹은 찻잎에 따라 풍미가 달라, '곤충 똥 차'에도 다양한 종류가 있다.

똥을 이용하는 인간

아프리카 마사이족(왼쪽 사진)에게 사랑받는 사바나 티를 마시면 홍차에 가까운 풍미를 맛볼 수 있다고 한다. 한번 마시면 초원에 사는 코끼리가 눈앞에 떠오를지도 모른다.

일본인은 섬휘파람새 똥으로
피부 관리를 한다

일본에서도 오리지널 똥을 이용하고 있다.
일본 사람은 에도 시대부터 섬휘파람새의 똥을 건조시켜
피부를 관리하는 데 사용했다. 섬휘파람새의 똥에는 효소가
풍부해 미백과 잡티 개선에 탁월한 효과가 있다고 한다.
원래 섬휘파람새의 똥을 기모노의 얼룩을 제거하는 데
사용했다. 그러다가 '섬휘파람새 똥이 기모노 원단을
손상시키지 않는 것을 보면, 피부에도 쓸 수 있지
않을까?'라는 생각에서 스킨 케어 용품으로 사용하기
시작했다고 한다. 이런 이유 때문인지, 에도 시대에는
섬휘파람새를 키우는 사람들이 매우 많았다고 한다.
똥 스킨 케어는 현재, 일본뿐만 아니라 해외 셀럽들
사이에서도 화제가 되고 있다. 다시 말해 일본이 세계에
자랑할 만한 똥 문화인 셈이다.

똥을 이용하는 인간

섬휘파람새는 먹이를 먹으면 그것을 소화하기 위해 효소를 만든다.
장이 짧아서 효소의 대부분이 그대로 똥으로 나온다.

YABAI UNCHI NO SEIBUTSU ZUKAN by Tadaaki Imaizumi
Copyright ⓒ Tadaaki Imaizumi, 2017
All rights reserved.
Original Japanese edition published by SEKAI BUNKA PUBLISHING INC.
Korean translation copyright ⓒ 2018 by LUDENS MEDIA Co., Ltd.
This Korean edition published by arrangement with SEKAI BUNKA PUBLISHING INC.,
Tokyo, through HonnoKizuna, Inc., Tokyo, and EntersKorea Co., Ltd.

이 책의 한국어판 저작권은 ㈜엔터스코리아를 통해 저작권자와 독점 계약한 루덴스미디어㈜에 있습니다.
저작권법에 의하여 한국 내에서 보호를 받는 저작물이므로 무단 전재 및 복제를 금합니다.

감수 이마이즈미 타다아키(今泉忠明)

포유류를 주로 하는 분류학 및 생태학을 전문으로 하는 동물학자. 1944년, 동경에서 태어났다. 동경수산대학(현 동경해양대학)을 졸업한 뒤, 국립과학박물관 특별 연구생, 후지 자연 동물원 협회 연구원으로 포유류 조사 등을 담당했다. 1973~1977년에 '이리오모테산고양이 보호를 위한 생태 조사'에 참가했다. 그 뒤 우에노동물원에서 동물 해설원을 역임했으며, 현재는 '고양이 박물관' 관장으로 근무 중이다. 『고양이의 신비』(이스트프레스), 『유감스러운 생물 사전』(고교서점) 등의 저서가 있으며 다수의 도서를 감수했다.

역자 최진선

이화여자대학교 문헌정보학과를 졸업했다. 학창 시절부터 일본 애니메이션 및 만화, 소설, 드라마, 뮤지컬 등을 두루 섭렵했다. 십수 년 동안 출판사에서 편집자로 근무했으며, 현재는 프리랜서 번역가로 활동 중이다. 번역한 책으로 『프린세스 시리즈』, 『만화로 배우는 정리 정돈』, 『위험 생물 공포 백과』, 『괴짜 생물 절규 백과』, 『싸우는 곤충·동물·공룡 대백과』, 〈코믹컴〉 등이 있다.

Supervised by Tadaaki Imaizumi
Writing: Shota Saito(Yuni Hoso)
Illustration: Akito Honda, Haimu Kumi, Haido Takagi
Design: Ryuichiro Sugimoto(Kaihatsu-sha)
Proofreading: Masanori Nishimura
Editing: Koichi Fujimoto(Kaihatsu-sha)
Editorial Department: Rieko Hattori
Photographs: Shutterstock

코믹컴 비주얼 사이언스 백과 ❸ 구리구리 똥 생물 백과

감수 이마이즈미 타다아키	등록 번호 제 396-3210000251002008000001호
역자 최진선	등록 일자 2008년 1월 2일
찍은날 2018년 9월 12일 초판 1쇄	
펴낸날 2018년 9월 19일 초판 1쇄	ISBN 979-11-88406-03-6 74490
펴낸이 홍재철	ISBN 979-11-88406-00-5 (세트)
편집 이혜원	
디자인 박성영	결함이 있는 책은 구입하신 곳에서 바꾸어 드립니다.
마케팅 김성수·안소영	값은 뒤표지에 있습니다.
펴낸곳 루덴스미디어(주)	
주소 경기도 고양시 일산동구 무궁화로 43-55, 604호(장항동, 성우사카르타워)	이 도서의 국립중앙도서관 출판시도서목록(CIP)은 e-CIP홈페이지 (http://www.nl.go.kr/ecip)에서 이용하실 수 있습니다. (CIP제어번호: CIP2018029189)
전화 031)912-4292	팩스 031)912-4294